하루 한 장의 기적

한자로 키우는 초등 문해력 ①

동양북스 교육콘텐츠연구회, 박빛나(현직 초등 교사) 지음

 동양북스

들어가기 전에

★ 선생님 한마디

'외우는 한자'가 아니라, '이해하는 한자'로 바꿔보는 건 어떨까요?

한자를 무작정 외우기만 하면 지루하고 금세 잊어버리기 쉬워요. 하지만 한자는 단순한 글자가 아니라, 어휘의 뜻을 품고 있는 작은 이야기입니다. 저는 수업 중 낯선 어휘가 나오면 그 단어 속 한자를 함께 살펴보며 의미를 풀어주는 활동을 자주 해요. "아, 그래서 이 단어가 이런 뜻이었구나!" 하며 스스로 깨닫는 순간, 아이들의 이해가 훨씬 깊어지죠.

요즘 한자 수업을 운영하는 학교도 많아졌지만, 여전히 한자를 획순대로 따라 쓰고 외우는 데만 그치는 경우가 많아요. 하지만 한자의 원리를 이해하면, 모르는 어휘의 뜻을 짐작해 볼 수 있는 힘이 생깁니다. 그것이 바로 문해력입니다.

한자를 왜 공부해야 할까요?

우리가 쓰는 말의 70% 이상이 한자어예요. 국어뿐만 아니라 사회, 과학 같은 교과서 속 개념어들도 대부분 한자에서 비롯되죠. 그래서 한자를 익히는 일은 단어를 넘어서 문장을 이해하고, 글을 깊이 있게 읽어내는 힘, 즉 문해력을 기르는 길과 맞닿아 있어요.

그럼 어떻게 공부해야 할까요?

한자의 모양만 외우기보다, 뜻과 구성 원리, 연결된 단어들까지 함께 이해하며 익히는 것이 중요해요. 이 책은 그런 방식으로 한자의 흐름을 자연스럽게 익히고, 어휘력을 확장해 갈 수 있도록 구성되어 있습니다.

한자는 세상을 더 깊이 이해하기 위한 언어적 도구입니다. 이 책과 함께라면, 한자와 조금 더 친해지고 여러분의 문해력도 한 뼘 더 자라날 거예요.
조금씩, 천천히, 하지만 꾸준히!
우리 함께 한자의 세계로 걸어가 볼까요?

박빛나 드림

우리 책의 특징

❶ 10년 차 초등 교사가 쓴, 아이 눈높이에 딱 맞춘 지문!

초등학교 교과서 수준에 적절하고 흥미로운 내용의 지문을 제공하여 아이들이 즐겁게 학습할 수 있습니다.

❷ 한자를 통해 추론력을 키우는 어휘 학습!

한자를 무작정 암기하는 것이 아닌, 어원을 표현한 그림을 보고 자유롭게 상상하는 것으로부터 시작합니다. 그 후 한자의 뜻이 교과서 어휘 속에 어떻게 들어 있는지 확인하고, 새로운 어휘의 의미도 유추할 수 있는 힘을 기릅니다.

❸ 학부모도 아이도 부담 없는 하루 1장!

한자 1자 ⋯▸ 교과서 어휘 2개 ⋯▸ 문해력 향상 지문으로 이어지는 하루 한 장 구성으로, 학습을 지도할 시간이 많지 않은 부모님과 아이 모두 부담 없이, 체계적으로 공부할 수 있습니다.

『한자로 키우는 초등 문해력 1, 2』를 공부하면 바뀌는 3가지!

❶ 글의 뜻을 스스로 파악하는 힘이 생깁니다.

❷ 초등 교과서 핵심 어휘 200개를 완벽하게 익힐 수 있습니다.

❸ 한자능력검정시험 8급＋7급Ⅱ 100자를 완벽하게 익힐 수 있습니다.

우리 책의 구성

학습 계획

이번 단원에서 만날 5개의 한자를 미리 확인하고, 한 주간의 학습 계획을 세웁니다.

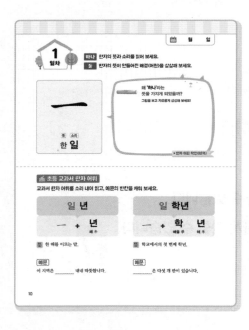

❶단계 어원 확인

한자 어원이 표현된 그림을 보고, 한자가 만들어진 배경을 자유롭게 상상해 봅니다.

❷단계 초등 교과서 한자 어휘

앞에서 배운 한자의 뜻이 교과서 어휘에 어떻게 들어 있는지 확인합니다.

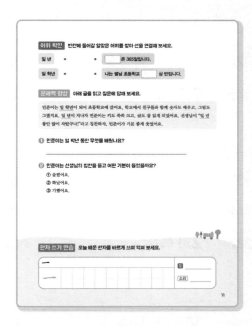

③단계 어휘 확인

교과서 어휘와 예문을 연결하며 의미를 정확히 파악합니다.

④단계 문해력 향상

지문과 문제를 통해 글을 읽고 해석하는 힘을 기릅니다.

⑤단계 한자 쓰기 연습

오늘 배운 한자를 획순에 따라 써 봅니다.

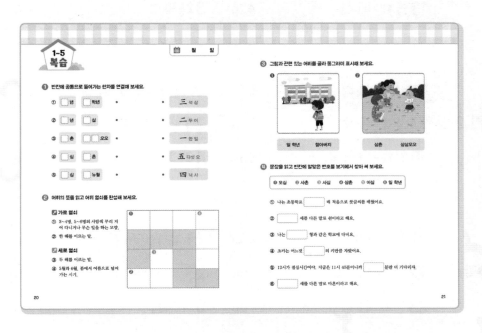

⑥단계 복습 문제

한 주의 학습이 끝나면, 재미있는 복습 문제를 풀면서 그동안 학습한 어휘를 되짚어 봅니다.

목차

한자는 다음 순서로 쓰세요!

★ 상하 구조의 것은 위에서부터 아래로 씁니다.

★ 좌우 대칭형의 것은 가운데를 먼저 쓰고, 좌우의 것은 나중에 씁니다.

★ 글자 전체를 관통하는 세로획은 맨 마지막에 씁니다.

中 → 中 → 中 → 中

★ 좌우 구조의 것은 왼쪽에서부터 오른쪽으로 씁니다.

★ 내외 구조의 것은 바깥의 것을 먼저 쓰고 안의 것은 나중에 씁니다.

四 → 四 → 四 → 四 → 四

01 과

숫자 1

이번 주에 학습할 한자를 보고 생각나는 어휘를 자유롭게 떠올려 보세요.

1일차
월   일
일 一

2일차
월   일
이 二

3일차
월   일
삼 三

4일차
월   일
사 四

5일차
월   일
오 五

하나 한자의 뜻과 소리를 읽어 보세요.

둘 한자의 뜻이 만들어진 배경(어원)을 상상해 보세요.

뜻 소리

한 일

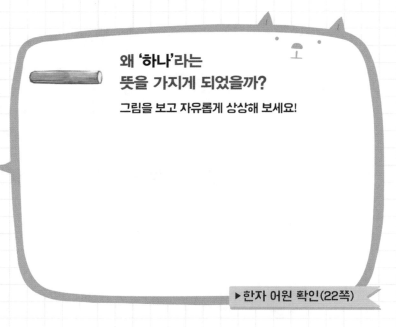

왜 '하나'라는
뜻을 가지게 되었을까?

그림을 보고 자유롭게 상상해 보세요!

▶ 한자 어원 확인(22쪽)

🏫 초등 교과서 한자 어휘

교과서 한자 어휘를 소리 내어 읽고, 예문의 빈칸을 채워 보세요.

뜻 한 해를 이르는 말.

예문

이 지역은 _____ 내내 따뜻합니다.

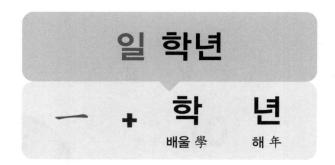

뜻 학교에서의 첫 번째 학년.

예문

_____은 다섯 개 반이 있습니다.

일 년 •   • [   ]은 365일입니다.

일 학년 •   • 나는 별님 초등학교 [   ] 삼 반입니다.

문해력 향상 아래 글을 읽고 질문에 답해 보세요.

민준이는 일 학년이 되어 초등학교에 갔어요. 학교에서 친구들과 함께 숫자도 배우고, 그림도 그렸지요. 일 년이 지나자 민준이는 키도 쑥쑥 크고, 글도 잘 읽게 되었어요. 선생님이 "일 년 동안 많이 자랐구나!"라고 칭찬하자, 민준이가 기분 좋게 웃었어요.

❶ 민준이는 일 학년 동안 무엇을 배웠나요?

_____

❷ 민준이는 선생님의 칭찬을 듣고 어떤 기분이 들었을까요?

① 슬펐어요.

② 화났어요.

③ 기뻤어요.

한자 쓰기 연습 오늘 배운 한자를 바르게 쓰며 익혀 보세요.

一									뜻 _____
一									소리 _____

2 일차

하나 한자의 뜻과 소리를 읽어 보세요.

둘 한자의 뜻이 만들어진 배경(어원)을 상상해 보세요.

뜻 소리
두 이

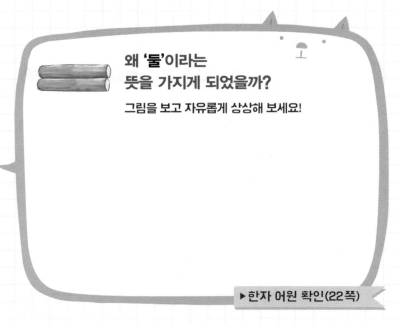

왜 '둘'이라는
뜻을 가지게 되었을까?

그림을 보고 자유롭게 상상해 보세요!

▶ 한자 어원 확인(22쪽)

🏫 초등 교과서 한자 어휘

교과서 한자 어휘를 소리 내어 읽고, 예문의 빈칸을 채워 보세요.

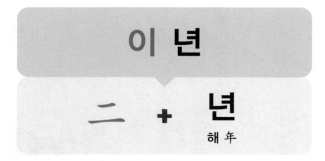

이 년

二 + 년
해 年

뜻 두 해를 이르는 말.

예문

형은 _____째 중국어를 배웁니다.

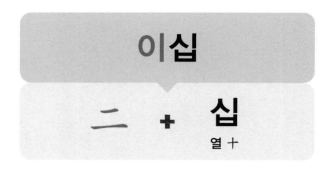

이십

二 + 십
열 十

뜻 스물. 20.

예문

어머니는 _____년 동안
이 마을에서 살았습니다.

이 년 •   • 책장에 책이 [   ] 권 있습니다.

이십 •   • 친구가 이민 간 지 [   ] 이 지났습니다.

문해력 향상 아래 글을 읽고 질문에 답해 보세요.

지호는 학교에 다닌 지 이 년이 되었어요. 지호는 작년에 줄넘기를 겨우 다섯 개밖에 못 했지만, 올해는 더 잘하고 싶었어요. 그래서 매일 삼십 분씩 연습한 덕분에 오늘 드디어 줄넘기 이십 개를 연속으로 성공했어요! "우와! 내가 해냈어!" 지호는 기뻐서 펄쩍 뛰었어요.

❶ 지호는 줄넘기를 얼마나 연습했나요?

_____

❷ 지호는 오늘 줄넘기를 몇 개 성공했나요?

① 10개

② 20개

③ 30개

한자 쓰기 연습 오늘 배운 한자를 바르게 쓰며 익혀 보세요.

一 二							뜻 _____
二							소리 _____

3일차

하나 한자의 뜻과 소리를 읽어 보세요.

둘 한자의 뜻이 만들어진 배경(어원)을 상상해 보세요.

뜻 소리

석 삼

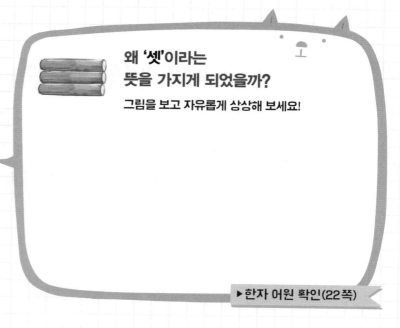

왜 '셋'이라는 뜻을 가지게 되었을까?

그림을 보고 자유롭게 상상해 보세요!

▶ 한자 어원 확인(22쪽)

🏫 **초등 교과서 한자 어휘**

교과서 한자 어휘를 소리 내어 읽고, 예문의 빈칸을 채워 보세요.

삼촌

三 + 촌
마디 寸

뜻 아버지의 형제.

[예문]

조카의 생일에 _____이 장난감을 선물해 주셨습니다.

삼삼오오

三 + 三 + 오 오
다섯 五   다섯 五

뜻 3~4명, 5~6명의 사람씩 무리 지어 무슨 일을 하는 모양.

[예문]

쉬는 시간에 친구들이 _____ 짝을 지어 게임을 합니다.

빈칸에 들어갈 알맞은 어휘를 찾아 선을 연결해 보세요.

삼촌 •

삼삼오오 •

• 명절 날, [   ]이 조카들과 윷놀이를 합니다.

• 친구들이 [   ] 짝을 지어 이동합니다.

문해력 향상 아래 글을 읽고 질문에 답해 보세요.

지호는 주말에 삼촌과 함께 시장에 갔어요. 시장에는 사람들이 삼삼오오 모여 과일을 고르고 있었어요. 삼촌이 지호에게 "어떤 과일을 사고 싶니?"라고 물었어요. 지호는 빨갛고 맛있어 보이는 사과를 골랐어요. 그리고 집에 돌아와 삼촌과 함께 사과를 맛있게 먹었어요.

1 지호는 누구와 함께 시장에 갔나요?

① 친구

② 삼촌

③ 선생님

2 지호와 삼촌은 시장에서 과일을 고른 뒤 무엇을 했나요?

_____

한자 쓰기 연습 오늘 배운 한자를 바르게 쓰며 익혀 보세요.

三 三 三							뜻 _____
三							소리 _____

4 일차

하나 한자의 뜻과 소리를 읽어 보세요.

둘 한자의 뜻이 만들어진 배경(어원)을 상상해 보세요.

四

뜻 소리
넉 사

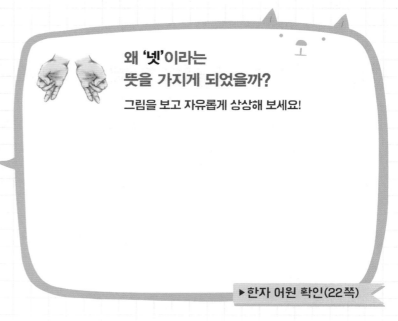

왜 '넷'이라는 뜻을 가지게 되었을까?

그림을 보고 자유롭게 상상해 보세요!

▶ 한자 어원 확인(22쪽)

🏫 **초등 교과서 한자 어휘**

교과서 한자 어휘를 소리 내어 읽고, 예문의 빈칸을 채워 보세요.

사십

四 + 십
열 十

뜻 마흔. 40.

예문
엄마의 나이는 올해 _____ 입니다.

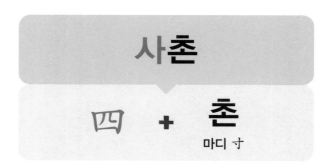

사촌

四 + 촌
마디 寸

뜻 아버지나 어머니 형제자매의 아들딸.

예문
오랜만에 _____ 형제들을 만나서
정말 반가웠습니다.

사십 •

• [ ] 형은 게임을 잘합니다.

사촌 •

• 마당에는 [ ] 년 된 나무가 있습니다.

문해력 향상 아래 글을 읽고 질문에 답해 보세요.

지호는 방학에 사촌 형과 시골 할머니 댁에 갔어요. 마당에는 사십 년 된 커다란 감나무가 있었어요. 사촌 형은 나무에서 감을 따서 지호에게 건네주었어요. 그런데 어떤 감은 단단하고, 어떤 감은 말랑말랑했어요. 지호는 "어떤 감이 더 맛있을까?" 하고 고민했어요. 사촌 형은 "단단한 감은 조금 덜 익었고, 말랑말랑한 감은 더 익었어. 하지만 둘 다 맛있어!"라고 말했어요. 지호는 사촌 형의 말을 듣고 나서 두 가지 감을 모두 맛봤어요. 단단한 감은 조금 덜 달고, 말랑말랑한 감은 아주 달고 부드러웠어요. 지호에게는 말랑말랑한 감이 더 맛있었어요.

❶ 지호는 감을 따면서 어떤 고민을 했나요?

_____

❷ 지호는 어떤 감이 더 맛있다고 생각했나요?

① 단단한 감

② 말랑말랑한 감

③ 두 가지 감 모두 맛있다고 생각했다.

한자 쓰기 연습 오늘 배운 한자를 바르게 쓰며 익혀 보세요.

四	四	四	四	四						뜻 _____
四										소리 _____

5일차

하나 한자의 뜻과 소리를 읽어 보세요.
둘 한자의 뜻이 만들어진 배경(어원)을 상상해 보세요.

뜻 소리
다섯 오

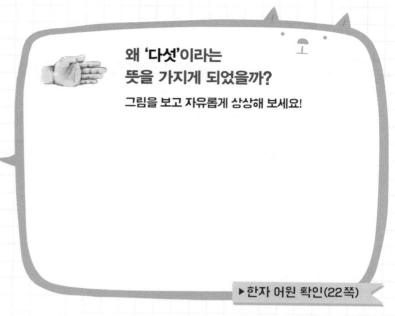

왜 '다섯'이라는
뜻을 가지게 되었을까?

그림을 보고 자유롭게 상상해 보세요!

▶한자 어원 확인(22쪽)

🏫 초등 교과서 한자 어휘

교과서 한자 어휘를 소리 내어 읽고, 예문의 빈칸을 채워 보세요.

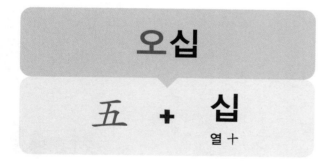

오십

五 + 십
열 十

뜻 쉰. 50.

예문
놀이터에서 _____원짜리 동전을
주웠습니다.

오뉴월

五 + 륙 월
여섯 六   달 月

뜻 5월과 6월. 봄에서 여름으로 넘어가는
시기. ('오뉴월'로 읽습니다.)

예문
_____은 음력 5~6월로,
한여름 더운 날씨를 의미합니다.

빈칸에 들어갈 알맞은 어휘를 찾아 선을 연결해 보세요.

오십 •

• 할아버지는 [   ] 번째 농사를 짓습니다.

오뉴월 •

• [   ]의 뜨거운 햇볕 아래에서 농사를 짓습니다.

문해력 향상 아래 글을 읽고 질문에 답해 보세요.

할아버지는 올해 오십 번째 논농사를 짓고 있었어요. 지호는 방학을 맞아 할아버지를 도와드렸어요. 오뉴월 뜨거운 햇볕 아래에서 모내기를 하니 땀이 많이 났어요. 지호는 힘들어서 쉬고 싶었지만, 할아버지는 쉬지 않고 열심히 일했어요. "이렇게 열심히 해야 가을에 맛있는 쌀이 나오는 거란다." 할아버지가 말했어요.

1 지호는 논에서 누구를 도와드렸나요?

_____

2 지호는 왜 힘들어했나요?

① 모내기를 하면서 땀이 많이 나서

② 할아버지가 너무 빨리 일해서

③ 모내기를 하면서 배가 너무 고파서

한자 쓰기 연습 오늘 배운 한자를 바르게 쓰며 익혀 보세요.

五 五 五 五							뜻 _____
五							소리 _____

❶ 빈칸에 공통으로 들어가는 한자를 연결해 보세요.

① ☐ 년　☐ 학년 　•　•　三 석 삼

② ☐ 년　☐ 십 　•　•　二 두 이

③ ☐ 촌　☐☐ 오오 　•　•　一 한 일

④ ☐ 십　☐ 촌 　•　•　五 다섯 오

⑤ ☐ 십　☐ 뉴월 　•　•　四 넉 사

❷ 어휘의 뜻을 읽고 어휘 열쇠를 완성해 보세요.

🔑 가로 열쇠

① 3~4명, 5~6명의 사람씩 무리 지어 다니거나 무슨 일을 하는 모양.

② 한 해를 이르는 말.

🔑 세로 열쇠

③ 두 해를 이르는 말.

④ 5월과 6월. 봄에서 여름으로 넘어가는 시기.

❶			❹
	❸		
❷			

3 그림과 관련 있는 어휘를 골라 동그라미 표시해 보세요.

1

일 학년　　　할아버지

2

삼촌　　　삼삼오오

4 문장을 읽고 빈칸에 알맞은 번호를 보기에서 찾아 써 보세요.

❶ 오십　　❷ 사촌　　❸ 사십　　❹ 삼촌　　❺ 이십　　❻ 일 학년

① 나는 초등학교 ☐ 때 처음으로 붓글씨를 배웠어요.

② ☐ 세를 다른 말로 쉰이라고 해요.

③ 나는 ☐ 형과 같은 학교에 다녀요.

④ 조카는 어느덧 ☐ 의 키만큼 자랐어요.

⑤ 12시가 점심시간이야, 지금은 11시 40분이니까 ☐ 분만 더 기다리자.

⑥ ☐ 세를 다른 말로 마흔이라고 해요.

한자		뜻이 만들어진 배경
一 한 일		막대기 하나가 놓여 있는 모양이 바뀌어서 만들어졌어요.
二 두 이		막대기 두 개가 나란히 놓여 있는 모양이 바뀌어서 만들어졌어요.
三 석 삼		막대기 세 개가 나란히 놓여 있는 모양이 바뀌어서 만들어졌어요.
四 넉 사		양손에서 손가락 두 개씩 편 모양이 바뀌어서 만들어졌어요. 둘 더하기 둘은 넷이죠.
五 다섯 오		손가락을 다 펴면 다섯 개가 되죠. 이 모양이 바뀌어서 만들어졌어요.

02과

숫자 2

이번 주에 학습할 한자를 보고 생각나는 어휘를 자유롭게 떠올려 보세요.

6 일차
월 일
륙(육) 六

8 일차
월 일
팔 八

9 일차
월 일
구 九

7 일차
월 일
칠 七

10 일차
월 일
십 十

6 일차

하나 한자의 뜻과 소리를 읽어 보세요.

둘 한자의 뜻이 만들어진 배경(어원)을 상상해 보세요.

뜻 소리

여섯 륙(육)

* 낱말 맨 앞에 올 때 '육'이라고 읽어요.

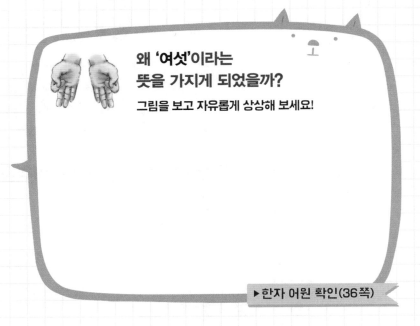

왜 '여섯'이라는 뜻을 가지게 되었을까?

그림을 보고 자유롭게 상상해 보세요!

▶ 한자 어원 확인 (36쪽)

🏫 초등 교과서 한자 어휘

교과서 한자 어휘를 소리 내어 읽고, 예문의 빈칸을 채워 보세요.

유월

六 + 월
달 月

뜻 6월. ('유월'로 읽습니다.)

예문

_____의 햇빛이 따갑습니다.

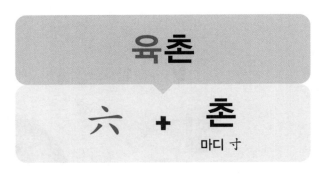

육촌

六 + 촌
마디 寸

뜻 사촌의 아들딸.

예문

나와 형은 _____ 관계입니다.

24

어휘 확인 빈칸에 들어갈 알맞은 어휘를 찾아 선을 연결해 보세요.

유월 •   • 지호는 주말에 [   ] 누나를 만나러 갑니다.

육촌 •   • [   ] 에서 구월까지 비가 가장 많이 옵니다.

문해력 향상 아래 글을 읽고 질문에 답해 보세요.

올해 유월, 지호는 시골에 있는 육촌 형을 만나러 갔어요. 육촌 형은 개구리를 잘 잡는다고 자랑했어요. 지호는 "나도 잡을 수 있어!" 하고 따라갔지만, 개구리는 팔짝팔짝 도망쳤어요. 그때, 형이 물웅덩이 뒤를 가리키며 "여기 있다!"라고 속삭였어요. 조용히 다가간 지호는 드디어 개구리를 잡고, 신나서 깔깔 웃었어요.

❶ 지호와 육촌 형은 무엇을 잡으려고 했나요?

_____

❷ 형은 어떻게 지호가 개구리를 찾을 수 있도록 도왔나요?

① 개구리를 먼저 잡았어요.

② 개구리에게 먹이를 주었어요.

③ 개구리가 어디에 있는지 가리켰어요.

한자 쓰기 연습 오늘 배운 한자를 바르게 쓰며 익혀 보세요.

六 六 六 六

六

뜻 _____

소리 _____

1일차

하나 한자의 뜻과 소리를 읽어 보세요.

둘 한자의 뜻이 만들어진 배경(어원)을 상상해 보세요.

뜻 소리
일곱 칠

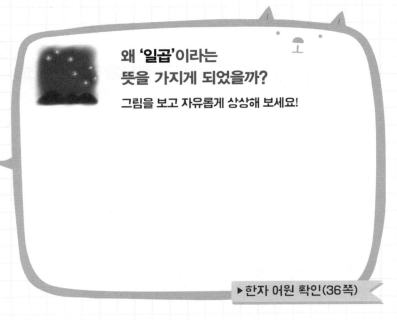

왜 '일곱'이라는 뜻을 가지게 되었을까?

그림을 보고 자유롭게 상상해 보세요!

▶ 한자 어원 확인(36쪽)

🏫 초등 교과서 한자 어휘

교과서 한자 어휘를 소리 내어 읽고, 예문의 빈칸을 채워 보세요.

칠십

七 + 십
열 十

뜻 일흔. 70.

[예문]

수학 시험에서 백 점 만점에
_____점을 맞았습니다.

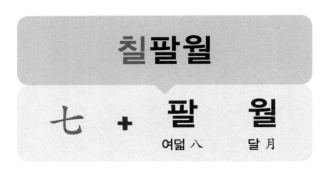

칠팔월

七 + 팔 월
여덟 八 달 月

뜻 7월과 8월. 7월이나 8월.

[예문]

_____은 장마철이라 비가 많이 옵니다.

어휘 확인 빈칸에 들어갈 알맞은 어휘를 찾아 선을 연결해 보세요.

칠십 •

• 오늘은 할아버지의 [   ] 번째 생신입니다.

칠팔월 •

• [   ]의 뜨거운 햇볕이 내리쬡니다.

문해력 향상 아래 글을 읽고 질문에 답해 보세요.

올해 칠십 번째 생일을 맞은 할아버지는 가족들과 여행을 떠났어요. 마침 여행을 간 시기는 한여름, 칠팔월 뜨거운 햇볕이 내리쬐는 때였어요. 지호와 사촌들은 바닷가에서 모래성을 쌓고 물놀이를 했어요. 할아버지는 시원한 그늘에 앉아 아이들을 바라보며 웃었어요. "칠십 년을 살아오면서 오늘처럼 신나는 날은 처음이구나!" 할아버지가 말했어요.

❶ 빈칸에 들어갈 알맞은 말을 써 보세요.

할아버지는 올해 [ ][ ] 번째 생일을 맞이하셨다.

❷ 다음 인물과 그 인물이 한 행동을 알맞게 연결해 보세요.

① 지호와 사촌들 •

② 할아버지 •

• **(가)** 그늘에서 아이들을 바라보며 즐겁게 웃었다.

• **(나)** 바닷가에서 모래성을 쌓으며 물놀이를 했다.

한자 쓰기 연습 오늘 배운 한자를 바르게 쓰며 익혀 보세요.

七 七

七

뜻 _____

소리 _____

하나 한자의 뜻과 소리를 읽어 보세요.

둘 한자의 뜻이 만들어진 배경(어원)을 상상해 보세요.

뜻 소리
여덟 팔

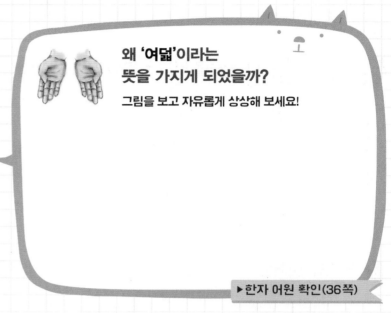

왜 '**여덟**'이라는 뜻을 가지게 되었을까?

그림을 보고 자유롭게 상상해 보세요!

▶ 한자 어원 확인(36쪽)

🏫 초등 교과서 한자 어휘

교과서 한자 어휘를 소리 내어 읽고, 예문의 빈칸을 채워 보세요.

팔순

八 + 순
열흘 旬

뜻 여든 살.

예문

오늘 할아버지의 _____ 잔치를 합니다.

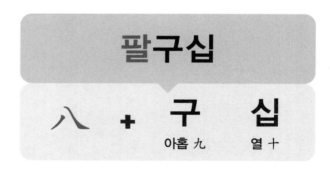

팔구십

八 + 구 십
아홉 九 열 十

뜻 8, 9, 10. 80이나 90. 여든이나 아흔.

예문

이 학교 학생의 _____ 퍼센트는 외국인입니다.

어휘 확인 빈칸에 들어갈 알맞은 어휘를 찾아 선을 연결해 보세요.

팔순 •

팔구십 •

• 퍼즐 조각은 [   ] 개가 됩니다.

• 할머니는 내년에 [   ] 이십니다.

문해력 향상 아래 글을 읽고 질문에 답해 보세요.

지호는 할머니의 팔순을 맞아 가족들과 모여서 식사를 했어요. 식사를 마친 후에, 사촌 누나는 팔구십 개나 되는 퍼즐을 가져와 같이 맞추자고 했어요. 처음엔 어려웠지만, 둘이 힘을 모으자 점점 그림이 완성되어 갔어요. 마지막 조각을 끼우자, 멋진 용 그림이 나타났어요! "우와! 다음 엔 천 개짜리 퍼즐도 해볼까?" 누나가 웃으며 말했어요.

① 빈칸에 알맞은 숫자를 보기에서 찾아 써 보세요.

보기
10~20   50~60   80~90

퍼즐은 _____ 개나 되어 처음에는 어려웠지만, 힘을 합쳐 완성할 수 있었다.

② 퍼즐을 완성했을 때, 어떤 그림이 나타났나요?

_____

한자 쓰기 연습 오늘 배운 한자를 바르게 쓰며 익혀 보세요.

八　八								뜻 _____
八								소리 _____

하나 한자의 뜻과 소리를 읽어 보세요.

둘 한자의 뜻이 만들어진 배경(어원)을 상상해 보세요.

뜻 소리
아홉 구

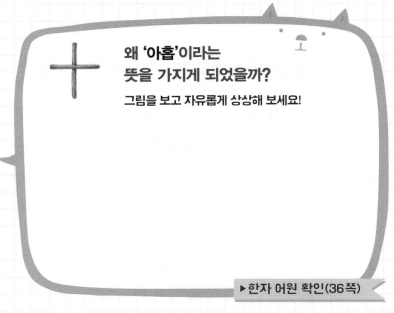

왜 '아홉'이라는
뜻을 가지게 되었을까?

그림을 보고 자유롭게 상상해 보세요!

▶ 한자 어원 확인(36쪽)

🏫 **초등 교과서 한자 어휘**

교과서 한자 어휘를 소리 내어 읽고, 예문의 빈칸을 채워 보세요.

구사일생

九 + 사 일 생
죽을 死 · 한 一 · 날 生

뜻 아홉 번 죽을 뻔하다 한번 살아난다. 죽을 고비를 여러 차례 넘기고 겨우 살아남.

[예문]
영화 주인공은 함정을 피해 _____으로 탈출했습니다.

십중팔구

십 중 팔 + 九
열 十 · 가운데 中 · 여덟 八

뜻 열 가지 중 여덟이나 아홉. 거의 모두.

[예문]
내일이 소풍인데 _____ 비가 올 것 같습니다.

어휘 확인 빈칸에 들어갈 알맞은 어휘를 찾아 선을 연결해 보세요.

구사일생 •

십중팔구 •

• 발을 헛디뎠지만 [   ]으로 빠지지 않았습니다.

• 양치기 소년의 말은 [   ] 거짓말입니다.

문해력 향상 아래 글을 읽고 질문에 답해 보세요.

> 지호는 친구들과 함께 개울가에서 돌을 건너며 놀고 있었어요. 그러다 발을 헛디뎌 물에 빠질 뻔 했지만, 옆에 있던 형이 잡아줘서 구사일생으로 빠지지 않았어요. 친구들은 깜짝 놀랐지만, 지호의 멀쩡한 모습에 모두 안도했어요. 형은 웃으며 "아휴, 십중팔구는 빠질 줄 알았는데, 진짜 다행이다!"라고 말했어요. 지호는 형에게 고마워하며 "다음엔 꼭 조심할게!"라고 약속했어요.

❶ 지호는 왜 물에 빠질 뻔했나요?

_____

❷ 형이 말한 "십중팔구는 빠질 줄 알았는데"는 어떤 의미인가요?

① 거의 물에 빠질 뻔했다.

② 물에 빠지지 않을 줄 알았다.

③ 물에 빠질지 빠지지 않을지 몰랐다.

한자 쓰기 연습 오늘 배운 한자를 바르게 쓰며 익혀 보세요.

九 九							뜻 _____
九							소리 _____

10 일차

하나 한자의 뜻과 소리를 읽어 보세요.

둘 한자의 뜻이 만들어진 배경(어원)을 상상해 보세요.

뜻 소리
열 십

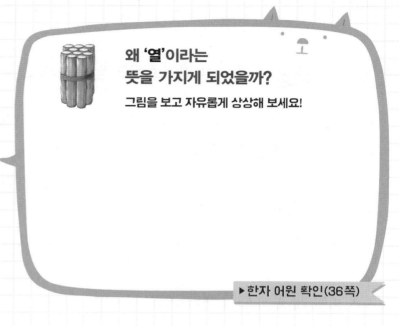

왜 '**열**'이라는 뜻을 가지게 되었을까?

그림을 보고 자유롭게 상상해 보세요!

▶ 한자 어원 확인(36쪽)

🏛 **초등 교과서 한자 어휘**

교과서 한자 어휘를 소리 내어 읽고, 예문의 빈칸을 채워 보세요.

십장생

十 + 장 생
　　길長　날生

뜻 오래 살거나 죽지 않는다는 열 가지.
예를 들어, 해, 산, 물, 돌, 구름, 소나무,
불로초, 거북, 학, 사슴을 말함.

예문
이불에 _____ 무늬가 수 놓아져 있습니다.

십 년

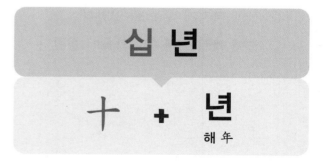

十 + 년
　　해 年

뜻 열 해를 이르는 말.

예문
'_____이면 강산도 변한다'는 말은 세월이
흐르면 모든 것이 변한다는 뜻입니다.

어휘 확인 빈칸에 들어갈 알맞은 어휘를 찾아 선을 연결해 보세요.

십장생 •

십 년 •

• 거북이는 [   ] 넘게 살 수 있어서 장수를 뜻합니다.

• [   ]은 오래 사는 열 가지를 말합니다.

문해력 향상 아래 글을 읽고 질문에 답해 보세요.

지호는 학교 숙제로 '우리 주변의 십장생'에 대해 조사하게 되었어요. 할머니께 여쭤 보니, 십장생은 오래 사는 열 가지를 뜻한대요. 거북이, 소나무, 학, 그리고 돌까지! 지호는 거북이를 바라보며 물었어요. "할머니, 이 거북이도 진짜 오래 살아요?" "그럼! 이 거북이는 우리 집에서 벌써 십 년이나 함께했단다."

❶ 지호는 학교 숙제로 무엇을 조사했나요?

_____

❷ 할머니는 '십장생'에 대해 어떻게 설명했나요?

_____

한자 쓰기 연습 오늘 배운 한자를 바르게 쓰며 익혀 보세요.

十 十									뜻 _____
十									소리 _____

❶ 빈칸에 공통으로 들어가는 한자를 연결해 보세요.

① ☐월 ☐촌 •

② ☐십 ☐팔월 •

③ ☐순 ☐구십 •

④ ☐사일생 십중팔☐ •

⑤ ☐장생 ☐년 •

• 八 여덟 팔

• 九 아홉 구

• 七 일곱 칠

• 十 열 십

• 六 여섯 륙(육)

❷ 어휘의 뜻을 읽고 어휘 열쇠를 완성해 보세요.

🔑 가로 열쇠

① 열 가지 중 여덟이나 아홉.
   거의 모두.

② 일흔.

🔑 세로 열쇠

③ 아홉 번 죽을 뻔하다 한번 살아난다.

④ 열 해를 이르는 말.

❶			❸
❷	❹		

3 그림과 관련 있는 어휘를 골라 동그라미 표시해 보세요.

❶

유월   육촌

❷

구사일생   팔순

4 문장을 읽고 빈칸에 알맞은 번호를 보기에서 찾아 써 보세요.

❶ 팔순   ❷ 십장생   ❸ 팔구십   ❹ 칠팔월   ❺ 육촌   ❻ 유월

① 거북이와 학은 오래 사는 동물로 [   ] 중 하나로 여겨져요.

② [   ] 6일 현충일에는 태극기를 달아요.

③ 아빠는 나와 형이 [   ] 사이라고 말해 주셨어요.

④ 이 숫자 카드에는 [   ] 개의 숫자가 적혀 있어요.

⑤ 보통 [   ] 사이에 장마가 시작돼요.

⑥ 여든 살을 다른 말로 [   ] 이라고 해요.

한자		뜻이 만들어진 배경
六 여섯 륙(육)		양손에서 손가락 세 개씩 편 모양이 바뀌어서 만들어졌어요. 셋 더하기 셋은 여섯이죠.
七 일곱 칠		밤하늘의 북두칠성 모양이 바뀌어서 만들어졌어요.
八 여덟 팔		양손에서 손가락 네 개씩 편 모양이 바뀌어서 만들어졌어요. 넷 더하기 넷은 여덟이죠.
九 아홉 구		십(十)에서 하나가 구부러져서 못쓰게 되었어요. 그래서 아홉을 나타내는 글자로 쓰이게 되었어요.
十 열 십		막대기 열 개를 묶은 모양이 바뀌어서 만들어졌어요.

03과

사람과 자연 1

이번 주에 학습할 한자를 보고 생각나는 어휘를 자유롭게 떠올려 보세요.

11 일차
월 일
녀(여) 女

12 일차
월 일
인 人

13 일차
월 일
산 山

14 일차
월 일
일 日

15 일차
월 일
월 月

하나 한자의 뜻과 소리를 읽어 보세요.

둘 한자의 뜻이 만들어진 배경(어원)을 상상해 보세요.

뜻 소리
여자 녀(여)

* 낱말 맨 앞에 올 때 '여'라고 읽어요.

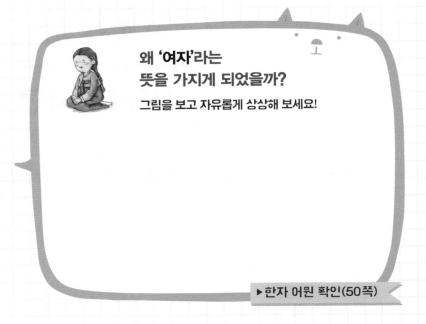

왜 '여자'라는
뜻을 가지게 되었을까?

그림을 보고 자유롭게 상상해 보세요!

▶ 한자 어원 확인(50쪽)

🏫 **초등 교과서 한자 어휘**

교과서 한자 어휘를 소리 내어 읽고, 예문의 빈칸을 채워 보세요.

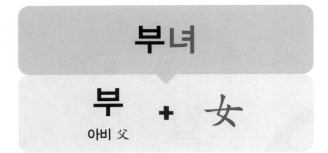

부녀

부 + 女
아비 父

뜻 아버지와 딸.

[예문]
아침마다 _____가 나란히 앉아
밥을 먹습니다.

장녀

장 + 女
길 長

뜻 집안의 큰 딸. 맏 딸.

[예문]
나는 언니가 한 명 있고,
언니는 우리 집의 _____입니다.

어휘 확인 빈칸에 들어갈 알맞은 어휘를 찾아 선을 연결해 보세요.

부녀 •

• 아빠와 [　　] 인 소라는 매주 산책을 갑니다.

장녀 •

• 아빠와 소라는 다정한 [　　] 입니다.

문해력 향상 아래 글을 읽고 질문에 답해 보세요.

아빠와 장녀인 소라는 매주 일요일마다 산책을 나갔어요. 사람들은 그들을 보고 "정말 다정한 부녀네요!"라고 말하곤 했어요. 어느 날, 부녀는 산책길에서 길을 잃은 강아지를 발견했어요. 소라는 강아지를 품에 안고 "우리가 집을 찾아줄게!"라고 말했어요. 아빠와 소라는 동네를 돌며 강아지의 주인을 찾았고, 결국 주인에게 무사히 돌려줄 수 있었어요.

❶ 빈칸에 들어갈 알맞은 말을 써 보세요.

소라와 아빠는 매주 [　][　][　] 마다 산책을 나갔어요.

❷ 다음 중 옳지 않은 문장은 무엇인가요?

① 소라는 강아지를 길에 두고 주인을 찾았다.

② 사람들은 소라와 아빠가 다정한 부녀라고 말했다.

③ 아빠와 소라는 강아지의 주인을 찾기 위해 동네를 돌았다.

한자 쓰기 연습 오늘 배운 한자를 바르게 쓰며 익혀 보세요.

女 女 女

女

뜻 _____

소리 _____

하나 한자의 뜻과 소리를 읽어 보세요.

둘 한자의 뜻이 만들어진 배경(어원)을 상상해 보세요.

뜻 소리
사람 인

왜 '사람'이라는 뜻을 가지게 되었을까?

그림을 보고 자유롭게 상상해 보세요!

▶한자 어원 확인(50쪽)

🏫 초등 교과서 한자 어휘

교과서 한자 어휘를 소리 내어 읽고, 예문의 빈칸을 채워 보세요.

인생	대인
人 + 생 날 生	대 + 人 클 大

뜻 사람이 살아있는 기간. 사람이 세상을 살아가는 일.

예문

_____에는 기쁜 일도 있고, 슬픈 일도 있습니다.

뜻 어른. 몸이 아주 큰 사람. 말과 행실이 바르고 덕이 높은 사람.

예문

존경받는 성인을 _____이라고 합니다.

빈칸에 들어갈 알맞은 어휘를 찾아 선을 연결해 보세요.

인생 •   • 좋은 [   ]을 살기 위해 노력합니다.

대인 •   • 할아버지는 마을에서 존경받는 [   ]입니다.

문해력 향상 아래 글을 읽고 질문에 답해 보세요.

할아버지는 마을에서 모두에게 존경받는 대인이었어요. 항상 어려운 사람들을 도와주고, 웃는 얼굴로 인사를 건넸죠. 어느 날, 손자 민우가 물었어요. "할아버지, 왜 항상 남을 도와주세요?" 할아버지는 말했어요. "좋은 인생을 살려면, 다른 사람에게도 좋은 인생을 만들어 줘야 한단다." 민우는 할아버지의 말을 듣고 '나도 남을 돕는 사람이 되어야지!'라고 다짐했어요.

❶ 할아버지는 왜 마을 사람들에게 '대인'이라고 불렸나요?

_____

❷ 할아버지가 생각하는 '좋은 인생'이란 무엇인가요?

① 돈을 많이 버는 것

② 혼자만 잘 사는 것

③ 다른 사람에게 좋은 인생을 만들어 주는 것

한자 쓰기 연습 오늘 배운 한자를 바르게 쓰며 익혀 보세요.

人 人								뜻 _____
人								소리 _____

하나 한자의 뜻과 소리를 읽어 보세요.

둘 한자의 뜻이 만들어진 배경(어원)을 상상해 보세요.

뜻 소리

메 산

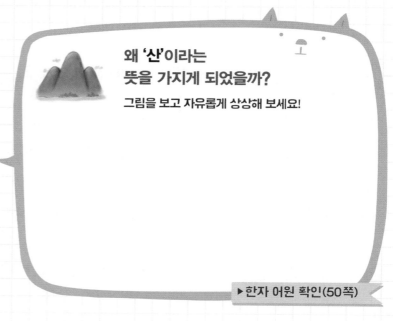

왜 '산'이라는 뜻을 가지게 되었을까?

그림을 보고 자유롭게 상상해 보세요!

▶ 한자 어원 확인(50쪽)

초등 교과서 한자 어휘

교과서 한자 어휘를 소리 내어 읽고, 예문의 빈칸을 채워 보세요.

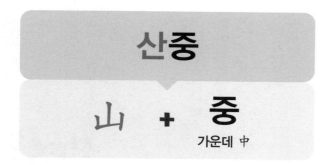

산중

山 + 중
가운데 中

뜻 산 속.

[예문]

깊은 _____에 옹달샘이 있습니다.

산수

山 + 수
물 水

뜻 산과 물. 자연의 경치.

[예문]

우리나라는 _____가 아름답기로 유명합니다.

어휘 확인 빈칸에 들어갈 알맞은 어휘를 찾아 선을 연결해 보세요.

산중 •

산수 •

• 민지는 아름다운 [   ]를 보고 감탄했습니다.

• 주말마다 깊은 [   ]으로 등산을 갑니다.

문해력 향상 아래 글을 읽고 질문에 답해 보세요.

산을 좋아하는 수민이는 주말마다 깊은 산중으로 등산을 갔어요. 어느 날, 산을 오르다 맑은 계곡을 만났어요. 수민이는 계곡물에 발을 담그며 주변의 풍경을 바라봤어요. 맑은 물과 푸른 산, 이 아름다운 산수에 수민이의 마음이 편안해졌어요. "이곳에 자주 오고 싶다." 수민이는 자연의 멋진 풍경을 마음속에 담았어요.

❶ 이 글에서 '산수'는 어떤 의미인가요?

① 덧셈과 뺄셈

② 산을 오르는 운동

③ 산과 물이 어우러져 만들어진 아름다운 풍경

❷ 수민이는 왜 산중의 산수를 좋아했나요?

_____

한자 쓰기 연습 오늘 배운 한자를 바르게 쓰며 익혀 보세요.

山 山 山							뜻 _____
山							소리 _____

하나 한자의 뜻과 소리를 읽어 보세요.

둘 한자의 뜻이 만들어진 배경(어원)을 상상해 보세요.

뜻 소리
날 일

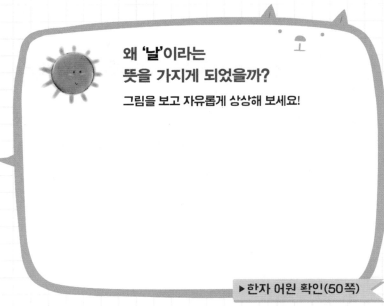

왜 **'날'**이라는 뜻을 가지게 되었을까?

그림을 보고 자유롭게 상상해 보세요!

▶ 한자 어원 확인(50쪽)

🏫 초등 교과서 한자 어휘

교과서 한자 어휘를 소리 내어 읽고, 예문의 빈칸을 채워 보세요.

일기

日 + 기
기록할 記

뜻 날마다 하루의 일을 돌아보며 자기의 생각이나 느낌을 적는 글.

[예문]

나는 매일 저녁에 _____를 씁니다.

일정

日 + 정
한도 程

뜻 그날에 할 일.

[예문]

가족 여행의 _____을 세웁니다.

어휘 확인
빈칸에 들어갈 알맞은 어휘를 찾아 선을 연결해 보세요.

일기 •   • 아침에 하루의 [　　] 을 적어 봅니다.

일정 •   • 민지는 학교 숙제로 [　　] 를 씁니다.

문해력 향상
아래 글을 읽고 질문에 답해 보세요.

민지는 오늘 학교 숙제로 일기를 쓰게 되었어요. 민지는 하루종일 했던 일들을 그대로 적었어요. "아침에 일어났다. 학교에 갔다. 점심을 먹었다. 숙제를 했다." 엄마는 민지의 일기를 보더니 말했어요. "민지야, 일기는 하루 일정을 적는 게 아니야. 느낀 점이나 재미있었던 일을 써 보자." 민지는 고개를 끄덕이며 "맞아! 오늘 친구랑 같이 놀이터에서 놀았던 게 진짜 재밌었지!"라며 다시 일기를 썼어요.

❶ 민지는 처음에 일기에 어떤 내용을 적었나요?

_____

❷ 엄마가 민지에게 알려 준 중요한 점은 무엇인가요?

_____

한자 쓰기 연습
오늘 배운 한자를 바르게 쓰며 익혀 보세요.

日	日	日	日						뜻 _____
日									소리 _____

하나 한자의 뜻과 소리를 읽어 보세요.

둘 한자의 뜻이 만들어진 배경(어원)을 상상해 보세요.

뜻 소리

달 월

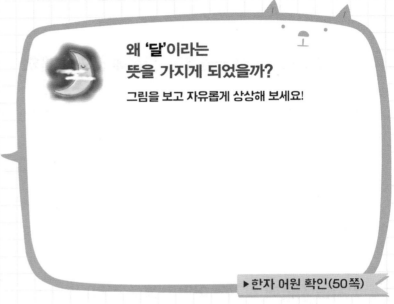

왜 '달'이라는
뜻을 가지게 되었을까?

그림을 보고 자유롭게 상상해 보세요!

▶ 한자 어원 확인(50쪽)

🏫 초등 교과서 한자 어휘

교과서 한자 어휘를 소리 내어 읽고, 예문의 빈칸을 채워 보세요.

연월일

연 ＋ 月 ＋ 일
해 年　　　　　날 日

뜻 해와 달과 날을 아울러 이르는 말.
년, 월, 일을 합쳐 특정한 날짜를
가리키는 표기.

예문

우유에는 제조 _____이 써 있습니다.

오월

오 ＋ 月
다섯 五

뜻 한 해 가운데 다섯째 달.

예문

스승의 날은 _____ 십오 일입니다.

빈칸에 들어갈 알맞은 어휘를 찾아 선을 연결해 보세요.

연월일 •

오월 •

• 날짜를 [   ] 순서로 적습니다.

• 어린이날이 있는 [   ]은 '가정의 달'입니다.

아래 글을 읽고 질문에 답해 보세요.

선생님은 수업이 끝나고 아이들에게 알림장을 꺼내라고 했어요. "오늘의 날짜를 적어 볼까요? 연월일 순서로 '2028년 5월 20일'이라고 적어요!" 수지는 알림장에 날짜를 또박또박 적었어요. 선생님은 이어서 오늘 해야 할 숙제를 불러 주었어요. 수지는 날짜 아래에 "수학 문제 풀기, 독서 10분 하기"를 적으며 고개를 끄덕였어요.

❶ 다음 중 알림장의 올바른 날짜 표기를 골라 보세요.

① 2028년 5월 20일

② 5월 20일 2028년

③ 2028년 20일 5월

❷ 만약 숙제가 '한자책 읽기, 줄넘기 50번 하기'로 바뀐다면, 수지는 알림장에 어떻게 적어야 할까요? 알림장을 채워 보세요.

[ ][ ][ ][ ]년 [ ]월 [ ][ ]일 알림장

숙제:

오늘 배운 한자를 바르게 쓰며 익혀 보세요.

月 月 月 月

月

뜻 _____

소리 _____

11-15 복습

① 빈칸에 공통으로 들어가는 한자를 연결해 보세요.

① ☐생 대☐ •   • 月 달 월

② 부☐ 장☐ •   • 日 날 일

③ 연☐일 오☐ •   • 人 사람 인

④ ☐기 ☐정 •   • 山 메 산

⑤ ☐중 ☐수 •   • 女 여자 녀(여)

② 어휘의 뜻을 읽고 어휘 열쇠를 완성해 보세요.

🔑 가로 열쇠

① 어른. 몸이 아주 큰 사람.
말과 행실이 바르고 덕이 높은 사람.

② 그날에 할 일.

🔑 세로 열쇠

③ 해와 달과 날을 아울러 이르는 말.

④ 사람이 살아있는 기간.
사람이 세상을 살아가는 일.

❸ 그림과 관련 있는 어휘를 골라 동그라미 표시해 보세요.

❶

부녀	부부

❷

일기	일정

❹ 문장을 읽고 빈칸에 알맞은 번호를 보기에서 찾아 써 보세요.

> **❶** 일기　　**❷** 산중　　**❸** 산수　　**❹** 오월　　**❺** 장녀　　**❻** 부녀

① 그는 복잡한 세상을 떠나 깊은 [　　　] 에 들어갔어요.

② 할머니 댁에 산과 강이 그려진 [　　　] 화가 걸려 있어요.

③ [　　　] 달에 '어버이 날'이 있어요.

④ 아버지와 딸이 여행하는 모습을 보니 정말 보기 좋은 [　　　] 사이네요.

⑤ 우리 집 첫째 딸, 즉 [　　　] 는 책임감이 강해요.

⑥ 집으로 돌아와 기억에 남는 일들을 [　　　] 장에 적었어요.

한자	뜻이 만들어진 배경	
女 여자 녀(여)		다소곳이 무릎 꿇고 앉아 있는 여자의 모양이 바뀌어서 만들어졌어요.
人 사람 인		사람의 옆 모습이 바뀌어서 만들어졌어요.
山 메 산		세 개의 산봉우리의 모양이 바뀌어서 만들어졌어요.
日 날 일		둥근 해님의 모양이 바뀌어서 만들어졌어요. 한자에서는 동그라미를 쓰지 않아요. 그래서 둥근 해님이 네모가 됐네요.
月 달 월		구름이 살짝 걸쳐진 달님의 모양이 조금씩 바뀌어서 만들어졌어요.

04과

자연 2

이번 주에 학습할 한자를 보고 생각나는 어휘를 자유롭게 떠올려 보세요.

16 일차
월   일
화 火

18 일차
월   일
목 木

19 일차
월   일
금(김) 金

17 일차
월   일
수 水

20 일차
월   일
토 土

하나 한자의 뜻과 소리를 읽어 보세요.

둘 한자의 뜻이 만들어진 배경(어원)을 상상해 보세요.

火

뜻 소리
불 화

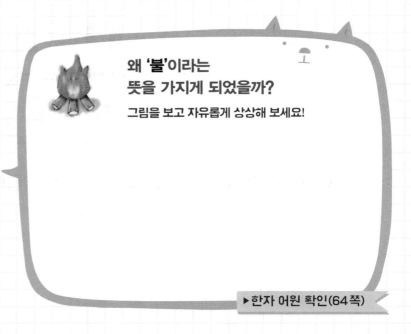

왜 '불'이라는 뜻을 가지게 되었을까?

그림을 보고 자유롭게 상상해 보세요!

▶ 한자 어원 확인(64쪽)

🏫 초등 교과서 한자 어휘

교과서 한자 어휘를 소리 내어 읽고, 예문의 빈칸을 채워 보세요.

화력

火 + 력
힘 力

뜻 불의 힘. 총이나 대포의 힘.

예문

_____이 세서 냄비 속의 물이 빨리
끓습니다.

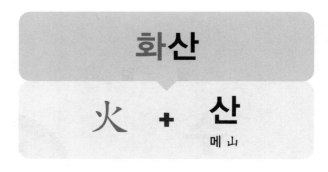

화산

火 + 산
메 山

뜻 땅속의 마그마, 가스 등이 지표(땅)를
뚫고 나와 만들어진 산.

예문

_____에서 뜨거운 용암이 흘러나옵니다.

빈칸에 들어갈 알맞은 어휘를 찾아 선을 연결해 보세요.

화력 •

• 벽난로의 [＿＿＿] 덕분에 방이 따뜻해졌습니다.

화산 •

• 거대한 [＿＿＿] 이 폭발하자 용암이 흐릅니다.

아래 글을 읽고 질문에 답해 보세요.

지호는 학교에서 자연재해에 대해 배우고 있었어요. 선생님은 거대한 화산이 폭발하는 영상을 보여 주었어요. "우와! 용암이 막 흘러내려요!" 지호는 깜짝 놀랐어요. 선생님은 설명했어요. "이렇게 강력한 폭발의 힘을 화력이라고 해요. 화산 폭발은 지구 속 뜨거운 에너지가 터져 나오는 거예요." 지호는 집에 돌아와 "화산의 화력은 정말 무섭고도 신기해!"라고 일기장에 적었어요.

❶ 선생님이 보여 준 자연재해는 무엇이었나요?

＿＿＿＿＿＿＿＿＿＿＿＿＿＿＿＿＿＿＿＿＿＿＿＿＿＿＿

❷ 지호는 화산의 화력에 대해 어떻게 느꼈나요?

＿＿＿＿＿＿＿＿＿＿＿＿＿＿＿＿＿＿＿＿＿＿＿＿＿＿＿

오늘 배운 한자를 바르게 쓰며 익혀 보세요.

火 火 火 火							뜻 ＿＿＿＿
火							소리 ＿＿＿＿

하나 한자의 뜻과 소리를 읽어 보세요.

둘 한자의 뜻이 만들어진 배경(어원)을 상상해 보세요.

水

뜻 소리
물 수

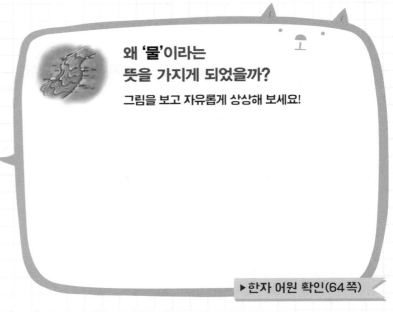

왜 '물'이라는 뜻을 가지게 되었을까?

그림을 보고 자유롭게 상상해 보세요!

▶ 한자 어원 확인(64쪽)

🏫 초등 교과서 한자 어휘

교과서 한자 어휘를 소리 내어 읽고, 예문의 빈칸을 채워 보세요.

생수	수중
생 + 水 날 生	水 + 중 가운데 中

뜻 끓이거나 소독하지 않은 맑은 샘물.

뜻 물 속.

예문

나는 목이 말라서 _____ 한 병을
다 마셨습니다.

예문

바다에는 다양한 _____ 생물이
살고 있습니다.

생수 •

• 깊은 [   ]에서 커다란 잠수함이 움직입니다.

수중 •

• 엄마는 학교 가기 전에 차가운 [   ]를 챙겨 주셨습니다.

문해력 향상 아래 글을 읽고 질문에 답해 보세요.

주말에 가족과 함께 워터파크에 간 민지는 신이 났어요. 엄마는 준비해 온 차가운 생수를 꺼내
주며 "물놀이하다 목마르면 마셔."라고 했어요. 민지는 물을 한 모금 마시고, 곧바로 수영장으
로 달려갔어요.

민지는 깊은 수중에서 잠수 놀이를 하기로 했어요. 물속에서 눈을 뜨니, 물방울들이 반짝이며
떠다니는 모습이 마치 다른 세상 같았어요.

❶ 엄마는 왜 민지에게 생수를 주었나요?

① 민지가 피곤해 보여서

② 물놀이하다 목이 마를 수 있어서

③ 민지가 준비해 온 음료를 다 마셔서

❷ 민지는 수중에서 무엇을 하며 즐거워했나요?

_____

한자 쓰기 연습 오늘 배운 한자를 바르게 쓰며 익혀 보세요.

水 水 水 水							뜻 _____
水							소리 _____

하나 한자의 뜻과 소리를 읽어 보세요.
둘 한자의 뜻이 만들어진 배경(어원)을 상상해 보세요.

뜻 **소리**
나무 **목**

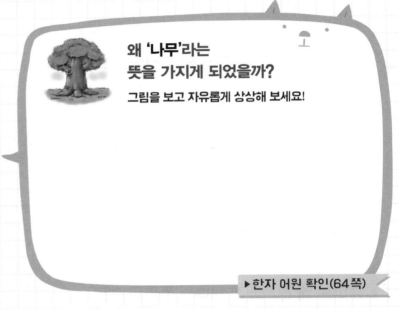

왜 '나무'라는
뜻을 가지게 되었을까?

그림을 보고 자유롭게 상상해 보세요!

▶ 한자 어원 확인(64쪽)

🏫 초등 교과서 한자 어휘

교과서 한자 어휘를 소리 내어 읽고, 예문의 빈칸을 채워 보세요.

목수	토목
木 ＋ 수 손 手	토 ＋ 木 흙 土

뜻 나무로 집을 짓거나 물건을 만드는 일로 업을 삼는 사람.

뜻 목재나 철재·흙 등을 사용해 도로나 둑·교량 등을 건설하는 일.

〔예문〕

_____가 톱으로 나무를 베고 있습니다.

〔예문〕

도로를 넓히는 _____ 공사가
진행 중입니다.

어휘 확인 빈칸에 들어갈 알맞은 어휘를 찾아 선을 연결해 보세요.

목수 •

토목 •

• [   ]가 나무를 베어 집을 짓습니다.

• [   ] 기술자들은 땅을 고르고, 바닥을 다졌습니다.

문해력 향상 아래 글을 읽고 질문에 답해 보세요.

동네 놀이터에 새로운 놀이 기구를 설치한다는 소식에 민우는 신이 났어요. 공사 현장에는 나무를 다루는 목수 아저씨들과, 땅을 평평하게 만드는 토목 기술자들이 함께 있었어요. 목수 아저씨들은 나무를 톱으로 자르고, 튼튼한 그네와 미끄럼틀을 만들었어요. 한편, 토목 기술자들은 땅을 고르고, 바닥을 다져 주었어요. 며칠 뒤, 완성된 놀이터에서 아이들은 신나게 뛰어놀았고, 민우는 '모두의 힘으로 멋진 놀이터가 되었구나!'라고 생각했어요.

❶ 민우는 신이 났다고 했습니다. 민우는 왜 그렇게 기뻐했나요?

_____

❷ 놀이터를 만드는 데 목수와 토목 기술자는 각각 어떤 역할을 했나요?

목수는 _____을 만들었고, 토목 기술자는 _____를 했어요.

① 그네, 미끄럼틀 / 땅을 고르고 바닥 다지기
② 그네, 미끄럼틀 / 나무를 자르고 튼튼하게 만들기
③ 나무를 자르고 바닥을 다짐 / 그네, 미끄럼틀 만들기

한자 쓰기 연습 오늘 배운 한자를 바르게 쓰며 익혀 보세요.

木 木 木 木

木

뜻 _____

소리 _____

하나 한자의 뜻과 소리를 읽어 보세요.

둘 한자의 뜻이 만들어진 배경(어원)을 상상해 보세요.

뜻 소리 뜻 소리
쇠 금, 성 김

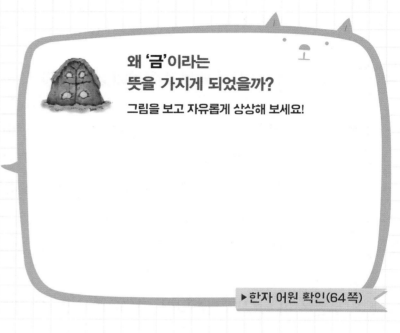

왜 '금'이라는 뜻을 가지게 되었을까?

그림을 보고 자유롭게 상상해 보세요!

▶ 한자 어원 확인(64쪽)

🏫 초등 교과서 한자 어휘

교과서 한자 어휘를 소리 내어 읽고, 예문의 빈칸을 채워 보세요.

만금

만 + 金
일만 萬

뜻 매우 많은 돈.

예문
이 물건은 _____을 주어도 바꿀 수 없습니다.

금요일

金 + 요 일
빛날 曜   날 日

뜻 요일의 하나. 목요일의 다음, 토요일의 전에 오는 요일.

예문
나는 이번 주 _____에 캠핑을 갑니다.

빈칸에 들어갈 알맞은 어휘를 찾아 선을 연결해 보세요.

만금 •   • [   ]에는 맛있는 급식이 나옵니다.

금요일 •   • [   ]을 가진다면 무엇을 하고 싶은가요?

문해력 향상 아래 글을 읽고 질문에 답해 보세요.

우리 반은 금요일에 다 같이 영화를 봤어요. 영화 속에는 큰 집에 살고 멋진 차를 타는 부자가
나왔어요. 영화를 보고 나서 선생님이 "만약 만금을 가진다면 무엇을 하고 싶나요?"라고 물었
어요. 우리는 "장난감 백화점을 만들래요!", "멋진 물건을 살래요!"하고 다양한 대답을 했어요.
수지는 "저는 가족과 세계 여행을 가고 싶어요!"라고 대답했어요. 그때 선생님이 환하게 웃으
며 "모두 멋지네요! 그렇지만 돈보다 더 소중한 것은 여러분의 마음이에요."라고 말했어요. 그
말을 듣고 우리는 진짜 소중한 것이 무엇인지 다시 생각해 보았어요.

❶ 우리 반은 금요일에 무엇을 했나요?

_____

❷ 수지는 만금이 있다면 무엇을 하고 싶다고 말했나요?

① 장난감 백화점을 만들래요.
② 동물 보호소를 도울 거예요.
③ 가족과 세계 여행을 가고 싶어요.

한자 쓰기 연습 오늘 배운 한자를 바르게 쓰며 익혀 보세요.

金 金 金 金 金 金 金 金						뜻 _____
金						소리 _____

하나 한자의 뜻과 소리를 읽어 보세요.

둘 한자의 뜻이 만들어진 배경(어원)을 상상해 보세요.

뜻 소리

흙 토

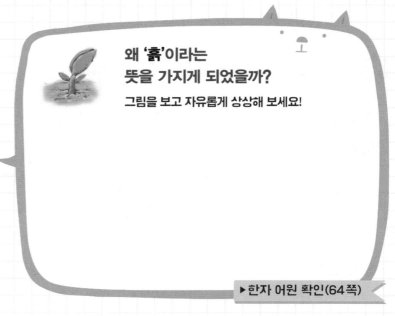

왜 '흙'이라는 뜻을 가지게 되었을까?

그림을 보고 자유롭게 상상해 보세요!

▶한자 어원 확인(64쪽)

🏛 초등 교과서 한자 어휘

교과서 한자 어휘를 소리 내어 읽고, 예문의 빈칸을 채워 보세요.

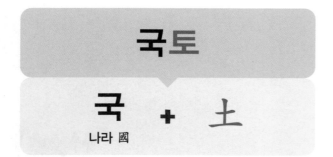

국토

국 + 土

나라 國

뜻 나라의 땅.

예문

아름다운 우리 _____를 깨끗하게
지켜야 합니다.

토지

土 + 지

땅 地

뜻 땅. 흙. 논밭. 터.

예문

공사를 하기 전에 _____를 평평하게 만들
었습니다.

빈칸에 들어갈 알맞은 어휘를 찾아 선을 연결해 보세요.

국토 •

토지 •

• 우리 [   ]는 삼면이 바다로 둘러싸여 있습니다.

• 학교 옆에 있는 빈 [   ]에 놀이터가 생겼습니다.

문해력 향상 아래 글을 읽고 질문에 답해 보세요.

수지네 반은 사회 시간에 우리나라의 국토에 대해 배우고 있었어요. 선생님은 "우리나라는 산과 강, 그리고 넓은 토지를 가지고 있어요."라고 설명했어요. 아이들은 지도를 보며 "여기 강원도의 산이 정말 많아요!"라며 신기해했어요. 수지는 "그럼 우리가 사는 집이 있는 곳도 토지인가요?"라고 물었어요. 선생님은 "맞아요! 우리 주변의 땅도 모두 소중한 국토의 일부예요."라고 대답했어요.

❶ 선생님이 말한 국토에는 어떤 것들이 포함되나요?

_____

❷ 다음 중 옳지 않은 문장은 무엇인가요?

① 수지는 집이 있는 곳도 토지인지 물어봤다.

② 선생님은 집이 있는 곳도 국토의 일부라고 대답했다.

③ 선생님은 "우리나라에는 강원도의 산만 있다."라고 말했다.

한자 쓰기 연습 오늘 배운 한자를 바르게 쓰며 익혀 보세요.

土 土 土

土

뜻 _____

소리 _____

1 빈칸에 공통으로 들어가는 한자를 연결해 보세요.

① ☐력 ☐산   •   • 水 물수

② 생☐ ☐중   •   • 火 불화

③ ☐수 토☐   •   • 土 흙토

④ 만☐ ☐요일   •   • 金 쇠금, 성김

⑤ 국☐ ☐지   •   • 木 나무목

2 어휘의 뜻을 읽고 어휘 열쇠를 완성해 보세요.

🔑 **가로 열쇠**

① 나무를 다루어 집을 짓거나 물건을 만드는 일로 업을 삼는 사람.

② 나라의 땅.

🔑 **세로 열쇠**

③ 물 속.

④ 목재나 철재·흙 등을 사용해 도로나 둑·교량 등을 건설하는 일.

<table>
<tr><td></td><td></td><td>❶</td><td>❸</td></tr>
<tr><td></td><td></td><td></td><td></td></tr>
<tr><td>❷</td><td>❹</td><td></td><td></td></tr>
<tr><td></td><td></td><td></td><td></td></tr>
</table>

3 그림과 관련 있는 어휘를 골라 동그라미 표시해 보세요.

❶

화산   수중

❷

가수   목수

4 문장을 읽고 빈칸에 알맞은 번호를 보기에서 찾아 써 보세요.

❶ 토지   ❷ 금요일   ❸ 만금   ❹ 생수   ❺ 화산   ❻ 화력

① 다음 주 [　　　]에는 체육대회가 열려요.

② 겨울에는 난로에서 나오는 [　　　] 덕분에 방이 따뜻해요.

③ 산책에서 돌아와 [　　　] 한 병을 다 마셨어요.

④ 할머니께서 시간이 [　　　]보다 소중하다고 말씀하셨어요.

⑤ 농부들이 넓은 [　　　]에서 밭농사를 짓고 있어요.

⑥ 제주도의 한라산은 마그마와 가스 폭발로 만들어진 [　　　]이에요.

한자		뜻이 만들어진 배경
火 불 화		모닥불 모양이 조금씩 바뀌어서 만들어졌어요.
水 물 수		시내를 흐르는 물의 모양이 바뀌어서 만들어졌어요.
木 나무 목		땅에서부터 하늘로 뻗어 올라간 나무의 모습이 바뀌어서 만들어졌어요.
金 쇠 금, 성 김		땅 속 갈라진 틈 사이로 금들이 묻혀 있는 모양이 바뀌어서 만들어졌어요.
土 흙 토		흙을 뚫고 자라나는 새싹의 모양이 바뀌어서 만들어졌어요.

05과

가족

이번 주에 학습할 한자를 보고 생각나는 어휘를 자유롭게 떠올려 보세요.

21 일차
월 일
부 父

23 일차
월 일
형 兄

24 일차
월 일
제 弟

22 일차
월 일
모 母

25 일차
월 일
촌 寸

21 일차

하나 한자의 뜻과 소리를 읽어 보세요.

둘 한자의 뜻이 만들어진 배경(어원)을 상상해 보세요.

뜻 소리

아비 **부**

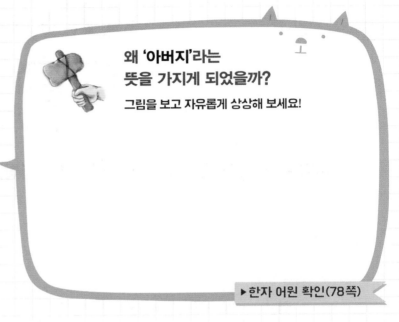

왜 '아버지'라는 뜻을 가지게 되었을까?

그림을 보고 자유롭게 상상해 보세요!

▶ 한자 어원 확인(78쪽)

🏫 **초등 교과서 한자 어휘**

교과서 한자 어휘를 소리 내어 읽고, 예문의 빈칸을 채워 보세요.

부자

父 + 자
아들 子

뜻 아버지와 아들.

예문

_____는 매일 저녁 대화를 나눕니다.

학부모

학 + 父 + 모
배울 學   어미 母

뜻 학생의 아버지나 어머니.
학생의 보호자를 이르는 말.

예문

오늘은 _____ 참관 수업이 있습니다.

부자 •

• 졸업식 날 강당에 학생과 [   ]들이 모였습니다.

학부모 •

• 아버지와 나를 보고 [   ] 간이 똑 닮았다고 합니다.

문해력 향상 아래 글을 읽고 질문에 답해 보세요.

오늘은 학교에서 학부모 초청 공개수업이 있는 날이었어요. 선생님이 설명했어요. "오늘은 부모님께서 우리 수업을 보러 오시는 날이에요. 부모님이 여러분이 어떻게 공부하는지 직접 볼 수 있도록 준비했어요." 지훈이의 아빠가 교실에 들어오자 친구들이 웅성거리며 말했어요. "우와! 지훈이랑 진짜 닮았어! 완전 붕어빵 부자네!" 지훈이는 부끄러웠지만, 아빠가 미소를 지으며 수업을 지켜봐 주자 기분이 좋아졌어요.

❶ 친구들이 지훈이와 아빠를 보고 "붕어빵 부자"라고 말한 이유는 무엇인가요?

_____

❷ 학교에서 학부모 공개수업을 하는 이유는 무엇인가요?

_____

한자 쓰기 연습 오늘 배운 한자를 바르게 쓰며 익혀 보세요.

父 父 父 父							뜻 _____
父							소리 _____

22 일차

하나 한자의 뜻과 소리를 읽어 보세요.

둘 한자의 뜻이 만들어진 배경(어원)을 상상해 보세요.

뜻 소리

어미 모

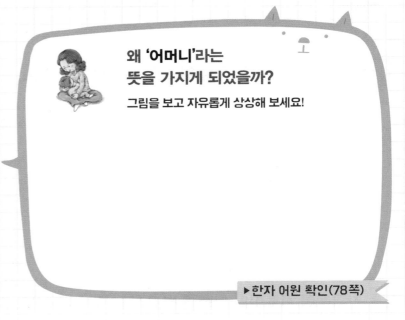

왜 '어머니'라는 뜻을 가지게 되었을까?

그림을 보고 자유롭게 상상해 보세요!

▶한자 어원 확인(78쪽)

🏫 초등 교과서 한자 어휘

교과서 한자 어휘를 소리 내어 읽고, 예문의 빈칸을 채워 보세요.

모교

母 + 교
학교 校

뜻 자신의 출신 학교. 자기가 졸업한 학교.

[예문]

졸업 후 오랜만에 정든 _____를 방문했습니다.

모국

母 + 국
나라 國

뜻 자기가 태어난 나라.

[예문]

나의 _____어는 한국어입니다.

어휘 확인 빈칸에 들어갈 알맞은 어휘를 찾아 선을 연결해 보세요.

모교 •

• 예전 담임 선생님을 뵈러 ☐ 에 찾아갑니다.

모국 •

• 할아버지는 오래전 ☐ 을 떠나 외국에서 사셨습니다.

문해력 향상 아래 글을 읽고 질문에 답해 보세요.

지훈이는 오늘 학교 숙제로 가족과 관련된 이야기를 써야 했어요. 할아버지께 여쭤보니, 할아버지는 오래전 모국을 떠나 외국에서 일하시다가 다시 한국으로 돌아오셨다고 해요. "그럼 할아버지께 가장 소중한 곳은 어디예요?" 지훈이가 물었어요. 할아버지는 웃으며 "내가 태어나고 자란 모국도, 꿈을 키우던 모교도 둘 다 소중하지."라고 말했어요. 지훈이는 고개를 끄덕이며 생각했어요. '나도 나중에 어른이 되면, 내 모교와 모국을 잊지 말아야겠다.'

① 할아버지는 왜 모국과 모교가 둘 다 소중하다고 했나요?

① 모국과 모교는 서로 다르기 때문

② 모국에서 꿈을 키울 수 없었기 때문

③ 모국에서 태어났고, 모교에서 꿈을 키웠기 때문

② 빈칸에 들어갈 알맞은 말을 써 보세요.

지훈이는 할아버지의 말씀을 듣고 _____ 고 생각했다.

한자 쓰기 연습 오늘 배운 한자를 바르게 쓰며 익혀 보세요.

母 母 母 母 母							뜻 ____
母							소리 ____

하나 한자의 뜻과 소리를 읽어 보세요.

둘 한자의 뜻이 만들어진 배경(어원)을 상상해 보세요.

뜻 소리

형 형

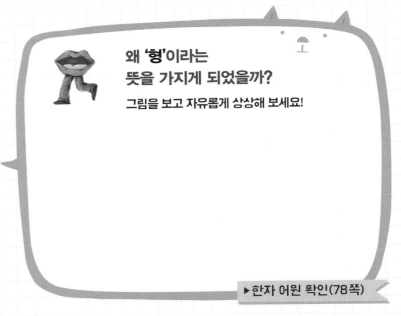

왜 '형'이라는
뜻을 가지게 되었을까?

그림을 보고 자유롭게 상상해 보세요!

▶ 한자 어원 확인(78쪽)

🏫 초등 교과서 한자 어휘

교과서 한자 어휘를 소리 내어 읽고, 예문의 빈칸을 채워 보세요.

형제	친형
兄 + 제 아우 弟	친 + 兄 친할 親

뜻 형과 아우.

뜻 같은 부모에게서 난 형.

예문

우리 _____는 성격이 정반대입니다.

예문

민수 형은 _____처럼 나를 잘
챙겨줍니다.

빈칸에 들어갈 알맞은 어휘를 찾아 선을 연결해 보세요.

형제 •

친형 •

• 저는 [   ]과 같은 학교에 다닙니다.

• 이웃 집 [   ]는 우애가 좋습니다.

문해력 향상 아래 글을 읽고 질문에 답해 보세요.

지훈이와 친형 지섭이는 방에서 로봇 장난감을 조립하고 있었어요. 그런데 갑자기 두 사람이 같은 부품에 손을 뻗더니, 동시에 소리쳤어요! "이거 내 거야!" "아니야, 내가 먼저 잡았어!" 티격태격하던 두 형제는 결국 엄마에게 불려갔어요. 엄마는 한숨을 쉬며 말했어요. "로봇이 완성되기도 전에 부서지겠구나?"

❶ 지훈이와 지섭이는 왜 다투었나요?

_____

❷ 다음 중 옳지 않은 문장은 무엇인가요?

① 지훈이와 지섭이는 로봇 장난감을 조립하고 있었다.

② 엄마는 두 형제가 부품을 동시에 잡은 것을 보고 기뻐했다.

③ 티격태격하던 두 형제는 결국 엄마에게 불려가고 말았다.

한자 쓰기 연습 오늘 배운 한자를 바르게 쓰며 익혀 보세요.

| 兄 兄 兄 兄 兄 | | | | | | | | 뜻 _____ |
| 兄 | | | | | | | | 소리 _____ |

하나 한자의 뜻과 소리를 읽어 보세요.

둘 한자의 뜻이 만들어진 배경(어원)을 상상해 보세요.

뜻 소리
아우 제

왜 '아우'라는 뜻을 가지게 되었을까?

그림을 보고 자유롭게 상상해 보세요!

▶ 한자 어원 확인(78쪽)

🏫 초등 교과서 한자 어휘

교과서 한자 어휘를 소리 내어 읽고, 예문의 빈칸을 채워 보세요.

제자

弟 **+ 자**
아들 子

뜻 가르침을 받고 있거나 받은 사람.

예문
옛 _____들이 선생님을 찾아왔습니다.

자제

자 + 弟
아들 子

뜻 남의 아들의 높임말.

예문
당신이 김선생님의 _____ 분이신가요?

제자 •
• 아버님께서 훌륭한 [   ]를 두셨습니다.

자제 •
• 선생님께 배우는 사람을 [   ]라고 합니다.

문해력 향상 아래 글을 읽고 질문에 답해 보세요.

수진이는 학교에서 선생님이 제자에 대해 이야기하는 것을 들었어요. 선생님은 "제자는 선생님에게 배우는 사람이에요."라고 말했어요. 수진이는 '아! 난 선생님의 제자야!'라고 생각했어요. 그날, 수진이의 아버지가 학교에 와서 선생님에게 말했어요. "우리 아이들이 잘 자라고 있는지 알고 싶어요." 선생님은 웃으며 대답했어요. "아버님 자제분들 정말 잘 하고 있어요." 수진이는 그 말을 듣고 웃으면서 말했어요. "저는 자제가 아니라 선생님의 제자예요!" 선생님과 아버지는 모두 크게 웃었어요.

❶ 수진이가 아버지와 선생님을 웃게 한 이유는 무엇인가요?

① 자제와 제자를 헷갈렸기 때문이다.

② 준비한 수수께끼가 재밌었기 때문이다.

③ 아버지와 선생님이 수진이 말을 잘못 이해했기 때문이다.

❷ '제자'와 '자제'의 의미를 알맞게 연결해 보세요.

① 제자 •
• **(가)** 다른 사람의 자식

② 자제 •
• **(나)** 선생님에게 배우는 사람

한자 쓰기 연습 오늘 배운 한자를 바르게 쓰며 익혀 보세요.

弟 弟 弟 弟 弟 弟 弟									뜻 _____
弟									소리 _____

25 일차

하나 한자의 뜻과 소리를 읽어 보세요.

둘 한자의 뜻이 만들어진 배경(어원)을 상상해 보세요.

寸

뜻 마디 소리 촌

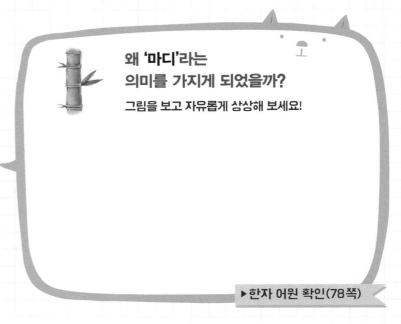

왜 '마디'라는 의미를 가지게 되었을까?

그림을 보고 자유롭게 상상해 보세요!

▶ 한자 어원 확인(78쪽)

🏫 **초등 교과서 한자 어휘**

교과서 한자 어휘를 소리 내어 읽고, 예문의 빈칸을 채워 보세요.

외삼촌

외 삼 + 寸

바깥 外   석 三

뜻 어머니의 남형제.

예문

외가에 가니 _____과 이모가 반갑게 맞아 주셨습니다.

사촌

사 + 寸

넉 四

뜻 아버지나 어머니 형제자매의 아들딸.

예문

우리는 _____ 형과 친형제처럼 지냅니다.

외삼촌 •

사촌 •

• 지난 방학에는 외갓집에 놀러가 [   ]을 뵈었습니다.

• 우리 집안은 [   ]끼리 사이가 좋아 자주 모입니다.

문해력 향상 아래 글을 읽고 질문에 답해 보세요.

민수는 이번 방학에 시골 외삼촌 댁에 가게 되었어요. 그런데 도착하자마자 사촌 형이 다짜고짜 말했어요. "이번엔 절대 내가 안 져! 지난번 팔씨름 대결, 기억하지?"

민수도 질 수 없다는 듯 손을 내밀었어요. "좋아, 이번에도 내가 이길 거야!" 옆에서 웃으며 지켜보던 외삼촌은 말했어요. "그래, 너희 대결은 내가 심판이다!"

① 사촌 형은 왜 민수에게 도착하자마자 도전장을 던졌나요?

① 민수와 싸우고 싶어서

② 민수를 도와주고 싶어서

③ 지난번 팔씨름 대결에서 져서

② 외삼촌은 형제처럼 지내는 두 사람을 보고 어떤 반응을 보였나요?

_____

한자 쓰기 연습 오늘 배운 한자를 바르게 쓰며 익혀 보세요.

寸 寸 寸						뜻 _____
寸						소리 _____

21-25 복습

1 빈칸에 공통으로 들어가는 한자를 연결해 보세요.

① ☐자 학☐모 •   • 父 아비 부

② ☐교 ☐국 •   • 弟 아우 제

③ ☐제 친☐ •   • 兄 형 형

④ ☐자 자☐ •   • 母 어미 모

⑤ 외삼☐ 사☐ •   • 寸 마디 촌

2 어휘의 뜻을 읽고 어휘 열쇠를 완성해 보세요.

🔑 **가로 열쇠**

① 학생의 아버지나 어머니. 학생의 보호자를 이르는 말.

② 어머니의 남형제.

🔑 **세로 열쇠**

③ 자기가 태어난 나라.

④ 아버지나 어머니 형제자매의 아들딸.

3 그림과 관련 있는 어휘를 골라 동그라미 표시해 보세요.

❶

제자　　　　부자

❷

제자　　　　형제

4 문장을 읽고 빈칸에 알맞은 번호를 보기에서 찾아 써 보세요.

❶ 자제　　❷ 제자　　❸ 친형　　❹ 형제　　❺ 모교　　❻ 부자

① 졸업 후에 [　　　　] 를 방문하니 기분이 새로웠어요.

② 나는 [　　　　] 과 함께 축구를 하러 갈 거예요.

③ 선생님은 옛 [　　　　] 들이 오면 반갑게 맞아 주세요.

④ 왕의 [　　　　] 들은 어릴 때부터 특별한 교육을 받았어요.

⑤ 나는 형이 두 명 있고, 우리 삼 [　　　　] 는 매일 같이 놀아요.

⑥ 옆집 [　　　　] 는 꼭 형제처럼 보여요.

한자	뜻이 만들어진 배경	
父 아비 부		오른손에 돌도끼를 든 모양이 바뀌어서 만들어졌어요. 도구를 들고 일터에 나가는 아버지의 모습을 담은 글자예요.
母 어미 모		아기에게 젖을 먹이는 어머니의 모습이 바뀌어서 만들어졌어요.
兄 형 형		말로 지시하며 이끄는 사람의 모습이 바뀌어서 만들어졌어요. 이것이 형을 뜻하게 되었어요.
弟 아우 제		형이 동생을 업고 있는 모양이 바뀌어서 만들어졌어요.
寸 마디 촌		잎이 달린 대나무 마디의 모양이 바뀌어서 만들어졌어요.

06과

방향

이번 주에 학습할 한자를 보고 생각나는 어휘를 자유롭게 떠올려 보세요.

26 일차
월 일
동 東

27 일차
월 일
서 西

28 일차
월 일
남 南

29 일차
월 일
북(배) 北

30 일차
월 일
외 外

26 일차

하나 한자의 뜻과 소리를 읽어 보세요.

둘 한자의 뜻이 만들어진 배경(어원)을 상상해 보세요.

뜻 소리

동녘 **동**

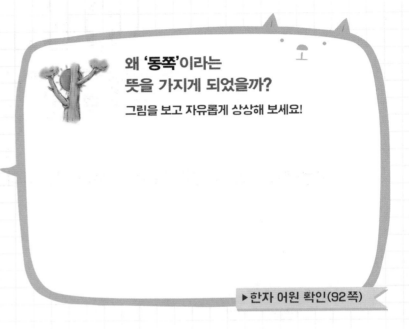

왜 '**동쪽**'이라는
뜻을 가지게 되었을까?

그림을 보고 자유롭게 상상해 보세요!

▶ 한자 어원 확인(92쪽)

🏫 초등 교과서 한자 어휘

교과서 한자 어휘를 소리 내어 읽고, 예문의 빈칸을 채워 보세요.

동해

東 + 해
바다 海

뜻 동쪽에 있는 바다.

[예문]

_____ 바다는 물이 깊고 맑습니다.

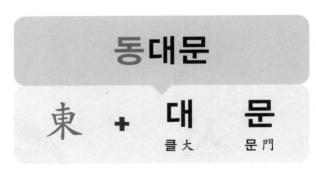

동대문

東 + 대 문
클 大 문 門

뜻 조선 시대에 만들어진 한양 도성의 동쪽
정문. 우리나라 보물 제1호. (=흥인지문)

[예문]

흥인지문은 서울의 8개 성문 가운데 동쪽에

위치해 _____ 이라고 합니다.

어휘 확인 빈칸에 들어갈 알맞은 어휘를 찾아 선을 연결해 보세요.

동해 •

동대문 •

• 이번 여행은 [   ]로 떠납니다.

• [   ]은 우리나라의 보물 제1호입니다.

문해력 향상 아래 글을 읽고 질문에 답해 보세요.

민준이는 가족과 함께 여행을 가기로 했어요. 이번 여행에서 가장 가고 싶은 곳은 동해였어요. '동해에 가면 푸른 바다를 보고, 해수욕도 할 수 있겠지?' 민준이는 그렇게 생각하며 기대에 차 있었어요. 하지만 아버지는 다른 제안을 했어요. "이번엔 동대문에 가서 쇼핑도 하고, 시장도 구경해 보자!" 민준이는 조금 실망했지만, 그래도 아버지와 함께 가는 여행이라 좋았어요. 두 장소는 너무 다르지만, 민준이는 어느 곳을 가든 즐겁게 보낼 수 있을 거라 생각했어요.

❶ 민준이가 가고 싶었던 장소는 어디였나요?

_____

❷ 민준이는 아버지의 제안으로 어디에 가기로 했나요?

① 동해
② 동대문
③ 제주도

한자 쓰기 연습 오늘 배운 한자를 바르게 쓰며 익혀 보세요.

東 東 東 東 東 東 東 東								뜻 _____
東								소리 _____

27 일차

하나 한자의 뜻과 소리를 읽어 보세요.

둘 한자의 뜻이 만들어진 배경(어원)을 상상해 보세요.

뜻 소리
서녘 서

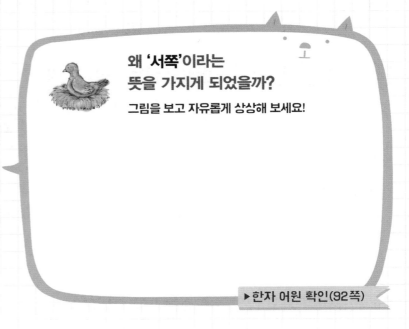

왜 '서쪽'이라는 뜻을 가지게 되었을까?

그림을 보고 자유롭게 상상해 보세요!

▶ 한자 어원 확인(92쪽)

🏫 초등 교과서 한자 어휘

교과서 한자 어휘를 소리 내어 읽고, 예문의 빈칸을 채워 보세요.

서양

西 + 양
큰 바다 洋

뜻 동양이라고 불리는 아시아에 반대되는 유럽을 일컫는 말.

[예문]

_____에서는 포크와 칼을 사용해서 밥을 먹습니다.

동서

동 + 西
동녘 東

뜻 동쪽과 서쪽 또는 동양과 서양을 아울러 이르는 말.
동쪽에서 서쪽으로 향하는 방향.

[예문]

한강은 _____ 방향으로 길게 흘러갑니다.

어휘 확인 빈칸에 들어갈 알맞은 어휘를 찾아 선을 연결해 보세요.

서양 •

동서 •

• [ ] 로 산맥이 쭉 뻗어 있습니다.

• 동양 문화와 [ ] 문화가 어우러져 볼거리가 많습니다.

문해력 향상 아래 글을 읽고 질문에 답해 보세요.

민수는 학교에서 열린 국제 문화 축제에 참여했어요. 축제 현장에는 전통 동양 문화와 함께 현대적인 서양 문화의 요소들이 가득했어요. 특히, 한쪽 무대에서는 '동서의 만남' 행사가 열려 동양의 전통 춤과 서양의 현대 음악이 어우러진 공연이 펼쳐졌어요. 민수는 그 공연을 보며 "서로 다른 문화가 만나면 이렇게 멋진 일이 생기는구나!"라고 감탄했어요.

❶ 축제 현장에서는 어떤 두 문화가 어우러졌나요?

_____

❷ 민수는 왜 "서로 다른 문화가 만나면 이렇게 멋진 일이 생기는구나!"하고 감탄했나요?

① 두 문화가 경쟁하는 행사였기 때문

② 동양과 서양의 음식이 어우러진 행사 때문

③ 동양의 전통 춤과 서양의 현대 음악이 어우러진 공연을 보았기 때문

한자 쓰기 연습 오늘 배운 한자를 바르게 쓰며 익혀 보세요.

西 西 西 西 西 西							뜻 _____
西							소리 _____

하나 한자의 뜻과 소리를 읽어 보세요.

둘 한자의 뜻이 만들어진 배경(어원)을 상상해 보세요.

뜻 소리

남녁 남

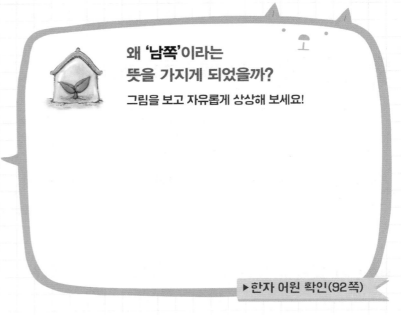

왜 '남쪽'이라는
뜻을 가지게 되었을까?

그림을 보고 자유롭게 상상해 보세요!

▶ 한자 어원 확인(92쪽)

🏫 초등 교과서 한자 어휘

교과서 한자 어휘를 소리 내어 읽고, 예문의 빈칸을 채워 보세요.

南 + 대 문
      클大 문門

뜻 조선 시대에 만들어진 한양 도성의 남쪽
정문. 우리나라 국보 제1호. (=숭례문)

예문
숭례문은 서울의 8개 성문 가운데 남쪽에
위치해 _____이라고 합니다.

南 + 북
      북녁 北

뜻 남쪽과 북쪽을 아울러 이르는 말.

예문
_____ 이산 가족이 만났습니다.

빈칸에 들어갈 알맞은 어휘를 찾아 선을 연결해 보세요.

남대문 •

남북 •

• 지도를 보니, 우리나라 땅은 [   ]으로 긴 모양이에요.

• [   ]은 서울의 남쪽을 대표하는 대문입니다.

문해력 향상 아래 글을 읽고 질문에 답해 보세요.

지훈이는 가족과 함께 서울 여행을 갔어요. 아빠는 "여기가 바로 유명한 남대문이란다. 서울에는 동대문, 서대문, 북대문도 있단다!"라고 설명해 주었어요. 그러자 동생이 "그럼 남북 대문도 있어? 왜 남대문만 있어?"라고 물었고, 가족들은 깔깔 웃었어요. 아빠는 미소를 지으며 말했어요. "좋은 질문이야! 사실 남대문은 서울의 남쪽을 대표하는 대문이야. 그리고 동대문, 서대문, 북대문도 서울의 다른 방향을 대표한단다."

❶ 지훈이와 가족들은 서울의 어느 장소에 방문했나요?

_____

❷ 빈칸에 들어갈 알맞은 말을 써 보세요.

서울에는 남대문, 동대문, 서대문, 북대문이 있고, 각각은 서울의 [ ][ ]을 대표하는 대문이다.

한자 쓰기 연습 오늘 배운 한자를 바르게 쓰며 익혀 보세요.

南 南 南 南 南 南 南 南 南

南							

뜻 _____

소리 _____

29 일차

하나 한자의 뜻과 소리를 읽어 보세요.

둘 한자의 뜻이 만들어진 배경(어원)을 상상해 보세요.

뜻 소리 뜻 소리

북녘 북, 달아날 배

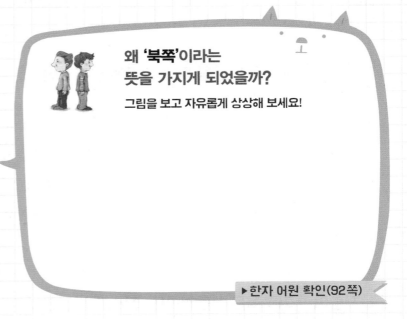

왜 '북쪽'이라는 뜻을 가지게 되었을까?

그림을 보고 자유롭게 상상해 보세요!

▶ 한자 어원 확인(92쪽)

🏫 초등 교과서 한자 어휘

교과서 한자 어휘를 소리 내어 읽고, 예문의 빈칸을 채워 보세요.

북극

北 + 극

극진할 極

뜻 지구의 북쪽 끝.

[예문]

_____에는 귀여운 북극곰이 살고 있습니다.

패배

패 + 北

패할 敗

뜻 경기나 싸움 따위에서 상대에게 짐.

[예문]

우리 팀은 축구 경기에서 아쉽게 _____ 했습니다.

빈칸에 들어갈 알맞은 어휘를 찾아 선을 연결해 보세요.

북극 •

• 탐험대가 [ ] 원정을 떠났습니다.

패배 •

• 시합에서 [ ] 하더라도 배울 점이 있습니다.

문해력 향상 아래 글을 읽고 질문에 답해 보세요.

학교 운동장에서 '남극 팀'과 '북극 팀'이 줄다리기 대결을 했어요. 지훈이는 북극 팀에서 열심히 줄을 잡아당겼지만 결국 힘이 부족해 패배하고 말았어요. "아쉽다!" 지훈이가 말하자, 선생님이 웃으며 말했어요. "오늘은 졌지만, 다음엔 더 강해질 수 있어! 패배도 좋은 경험이란다."

❶ 지훈이가 속한 팀은 어느 팀이었나요?

_____

❷ 선생님은 왜 패배도 좋은 경험이라고 했나요?

① 패배를 통해 더 강해질 수 있기 때문
② 패배를 통해 아무것도 배울 수 없기 때문
③ 패배하면 항상 이길 수 있는 기회가 없기 때문

한자 쓰기 연습 오늘 배운 한자를 바르게 쓰며 익혀 보세요.

北 北 北 北 北							뜻 _____
北							소리 _____

30
일차

하나 한자의 뜻과 소리를 읽어 보세요.

둘 한자의 뜻이 만들어진 배경(어원)을 상상해 보세요.

뜻   소리
바깥 외

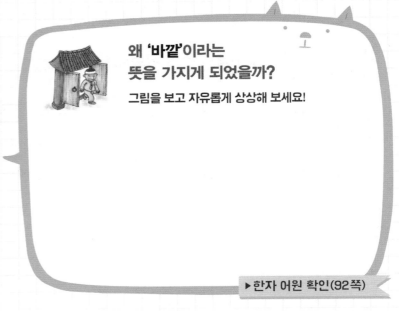

왜 '바깥'이라는
뜻을 가지게 되었을까?

그림을 보고 자유롭게 상상해 보세요!

▶한자 어원 확인(92쪽)

🏫 초등 교과서 한자 어휘

교과서 한자 어휘를 소리 내어 읽고, 예문의 빈칸을 채워 보세요.

외국	내외
外 + 국 나라 國	내 + 外 안 內

뜻 자기 나라가 아닌 다른 나라.

예문

_____에서 열리는 축구 경기가
생중계되고 있습니다.

뜻 내외¹ 안과 밖. 약간 덜하거나 넘음.
내외² 남자와 여자. 또는 그 차이.

예문

관중들이 경기장 _____를 가득
메웠습니다.

외국 •

• 우리나라와 [   ]의 문화는 서로 다릅니다.

내외 •

• 1만원 [   ]의 비용으로 선물을 샀습니다.

문해력 향상 아래 글을 읽고 질문에 답해 보세요.

옛날에는 '내외'라는 말을 많이 썼어요. '내외'는 집 안 사람과 집 밖 사람을 구별하는 말이었어요. 예를 들어, 여자는 집 안 사람, 남자는 집 밖 사람으로 생각했죠. 그래서 여자와 남자가 같이 밥을 먹지 않았어요. 하지만 외국에서는 남자와 여자가 함께 밥을 먹고, 같이 활동하는 문화가 많았어요. 옛날 한국과 외국은 남녀를 서로 다른 방식으로 대했어요.

❶ 옛날 한국에서는 남자와 여자가 어떻게 달랐나요?

① 남자와 여자는 함께 활동했다.

② 남자는 집 밖에서 활동하고, 여자는 집 안에서 활동했다.

③ 남자는 집 안에서 활동하고, 여자는 집 밖에서 활동했다.

❷ 빈칸에 들어갈 알맞은 말을 써 보세요.

[ ][ ]는 집 안 사람과 집 밖 사람을 구별하는 말이었습니다.

한자 쓰기 연습 오늘 배운 한자를 바르게 쓰며 익혀 보세요.

外 外 外 外 外						뜻 _____
外						소리 _____

📅 월 일

1 빈칸에 공통으로 들어가는 한자를 연결해 보세요.

① ☐ 해 ☐ 대문 •

② ☐ 양 동 ☐ •

③ ☐ 대문 ☐ 북 •

④ ☐ 극 패 ☐ •

⑤ ☐ 국 내 ☐ •

• 西 서녘 서

• 東 동녘 동

• 北 북녘 북, 달아날 배

• 南 남녘 남

• 外 바깥 외

2 어휘의 뜻을 읽고 어휘 열쇠를 완성해 보세요.

🔑 **가로 열쇠**

① 동쪽과 서쪽 또는 동양과 서양을 아울러 이르는 말.

② 남쪽과 북쪽을 아울러 이르는 말.

🔑 **세로 열쇠**

③ 동양이라고 불리는 아시아에 반대 되는 유럽을 일컫는 말.

④ 지구의 북쪽 끝.

3 그림과 관련 있는 어휘를 골라 동그라미 표시해 보세요.

❶

동해   남북

❷

내외   북극

4 문장을 읽고 빈칸에 알맞은 번호를 보기에서 찾아 써 보세요.

❶ 내외   ❷ 외국   ❸ 패배   ❹ 남대문   ❺ 동대문   ❻ 동해

① 오늘 야구 경기에서 우리 팀이 2대 1로 [   ]했어요.

② 우리 삼촌은 [   ]에서 오래 살아서 영어를 잘해요.

③ [   ]은 남쪽의 대문이고, 숭례문이라고도 해요.

④ [   ]은 동쪽의 대문이고, 흥인지문이라고도 해요.

⑤ 강원도의 [   ] 바다가 참 아름다워요.

⑥ 콘서트장 [   ]에 많은 사람들이 모였어요.

한자	뜻이 만들어진 배경
東 동녘 동	해가 나뭇가지 사이로 떠오르는 모양이 바뀌어서 만들어졌어요. 고대에서는 해가 떠오르는 방향을 동쪽으로 인식했어요.
西 서녘 서	저녁이 되어 새가 둥지로 돌아와 앉아 있는 모양이 바뀌어서 만들어졌어요. 고대에서는 새가 둥지로 돌아가는 방향을 서쪽으로 인식했어요.
南 남녘 남	온실 안에 풀이 싹튼 모양이 바뀌어서 만들어졌어요. 따뜻한 남쪽 방향에서 식물이 잘 자란다는 의미를 반영했어요.
北 북녘 북, 달아날 배	두 사람이 등지고 있는 모양이 바뀌어서 만들어졌어요. 이것이 반대 방향, 뒤쪽, 나아가 북쪽이라는 의미가 되었어요.
外 바깥 외	문을 통해 밖으로 나가는 모양이 바뀌어서 만들어졌어요.

07과

학교

이번 주에 학습할 한자를 보고 생각나는 어휘를 자유롭게 떠올려 보세요.

31 일차
월   일
학 學

33 일차
월   일
선 先

34 일차
월   일
생 生

32 일차
월   일
교 校

35 일차
월   일
교 敎

하나 한자의 뜻과 소리를 읽어 보세요.

둘 한자의 뜻이 만들어진 배경(어원)을 상상해 보세요.

뜻 소리
배울 학

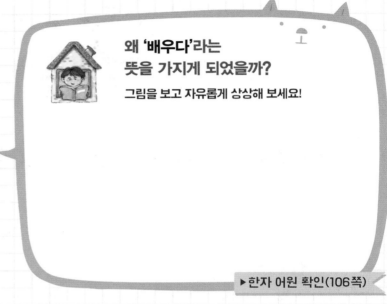

왜 '배우다'라는
뜻을 가지게 되었을까?

그림을 보고 자유롭게 상상해 보세요!

▶ 한자 어원 확인(106쪽)

🏫 초등 교과서 한자 어휘

교과서 한자 어휘를 소리 내어 읽고, 예문의 빈칸을 채워 보세요.

학**교**

學 + 교
학교 校

뜻 학생을 교육하는 기관.

예문

우리 _____에는 커다란 운동장이
있습니다.

학**생**

學 + 생
날 生

뜻 학교에서 공부하는 사람. 학예를 배우는
사람.

예문

나는 2학년 _____입니다.

94

학교 •

학생 •

• 수업을 마친 [   ] 들이 길에서 우르르 내려옵니다.

• 아침 8시 30분까지 [   ] 에 갑니다.

문해력 향상 아래 글을 읽고 질문에 답해 보세요.

새 학년이 시작되고, 민수는 설레는 마음으로 학교에 갔어요. 운동장에는 많은 학생들이 친구들과 반갑게 인사하고 있었어요. 그때, 선생님이 와서 말했어요. "이제 여러분도 한 학년 더 올라갔으니, 더 멋진 학생이 되어야겠죠?" 민수는 고개를 끄덕이며 다짐했어요. "올해는 더 열심히 공부하고, 좋은 친구가 되어야지!"

❶ 새 학년이 시작된 날, 학교 운동장에서 친구들은 무엇을 하고 있었나요?

_____

❷ 민수는 새 학년을 맞아 어떤 다짐을 했나요?

_____

한자 쓰기 연습 오늘 배운 한자를 바르게 쓰며 익혀 보세요.

學 學 學 學 學 學 學 學 學 學 學 學 學 學						뜻 _____
學						소리 _____

32 일차

하나   한자의 뜻과 소리를 읽어 보세요.

둘   한자의 뜻이 만들어진 배경(어원)을 상상해 보세요.

뜻   소리

학교 **교**

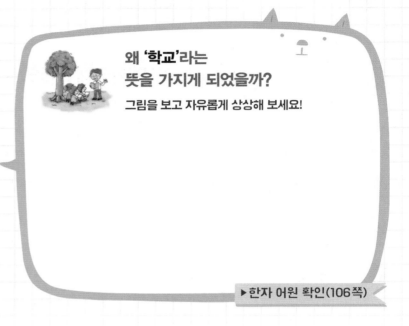

왜 '**학교**'라는
뜻을 가지게 되었을까?

그림을 보고 자유롭게 상상해 보세요!

▶한자 어원 확인(106쪽)

🏫 초등 교과서 한자 어휘

교과서 한자 어휘를 소리 내어 읽고, 예문의 빈칸을 채워 보세요.

교문	교장
校 + 문 門	校 + 장 길 長

뜻   학교의 정문.

뜻   학교에서 제일 높으신 분.
학교의 최고 책임자.

예문

학교가 끝나면 _____ 앞에서
친구들과 인사를 나눕니다.

예문

그리기 대회 수상자에게 _____
선생님께서 상장을 주셨습니다.

96

빈칸에 들어갈 알맞은 어휘를 찾아 선을 연결해 보세요.

교문 •

• 선생님들이 [   ] 앞에서 학생들을 맞이합니다.

교장 •

• [   ] 선생님은 우리를 보고 반갑게 인사하셨습니다.

문해력 향상 아래 글을 읽고 질문에 답해 보세요.

매일 아침 등교할 때 교문 앞에서 학생들을 맞이하는 분이 있었어요. "좋은 아침입니다!" 그분은 환하게 웃으며 인사했어요. 지호는 친구에게 물었어요. "저분은 누구야?" 친구는 대답했어요. "교장 선생님이셔! 매일 아침 우리를 반갑게 맞아 주셔." 그제야 지호는 고개를 끄덕이며 '교장 선생님이 직접 교문에서 인사해 주시다니 멋지다!'라고 생각했어요.

❶ 교문 앞에서 학생들을 맞이한 사람은 누구였나요?

_____

❷ 지호는 왜 교장 선생님을 보고 멋지다고 생각했나요?

_____

한자 쓰기 연습 오늘 배운 한자를 바르게 쓰며 익혀 보세요.

校 校 校 校 校 校 校 校 校 校						뜻 _____
校						소리 _____

하나 한자의 뜻과 소리를 읽어 보세요.

둘 한자의 뜻이 만들어진 배경(어원)을 상상해 보세요.

뜻 소리
먼저 선

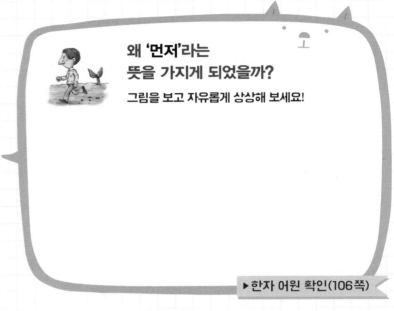

왜 '먼저'라는
뜻을 가지게 되었을까?

그림을 보고 자유롭게 상상해 보세요!

▶한자 어원 확인(106쪽)

🏫 **초등 교과서 한자 어휘**

교과서 한자 어휘를 소리 내어 읽고, 예문의 빈칸을 채워 보세요.

선생	선왕
先 + 생 날 生	先 + 왕 왕 王

뜻 학생을 가르치는 사람. 학예가 뛰어난
사람의 존칭. 남을 높여 부르는 말.

뜻 선대의 임금. 옛날의 어진 임금.

예문

모르는 것이 있을 때 _____님께
질문합니다.

예문

_____이 돌아가시고 세자가
왕이 되었습니다.

선생 •

• 그는 [　　　]의 뜻을 새기며 올바른 정치를 했습니다.

선왕 •

• 학생들이 체육 [　　　]님의 동작을 보고 따라합니다.

문해력 향상 아래 글을 읽고 질문에 답해 보세요.

선생님이 역사 시간에 조선 시대 왕들에 대해 설명해 주었어요. "왕위에 오른 임금은 보통 자기보다 먼저 나라를 다스린 임금을 선왕이라고 부릅니다." 그러자 민수가 손을 들고 물었어요. "그럼 왕들은 다 선왕이 되나요?" 선생님은 고개를 끄덕이며 대답했어요. "모든 왕이 선왕이긴 하지만, 특별히 백성을 위해 훌륭한 정치를 한 왕들을 더 존경해서 부르기도 하지." 민수는 고개를 끄덕이며 생각했어요. '마치 우리도 존경하는 선생님이 계신 것처럼 말이야!'

❶ 빈칸에 들어갈 알맞은 말을 써 보세요.

모든 왕이 선왕이긴 하지만, 특별히 백성을 위해 훌륭한 정치를 한 왕들을

더 존경해서 [　][　]이라고 부른다.

❷ 민수는 왜 선왕과 선생을 연결해서 생각했나요?

① 선생님이 왕처럼 다스린다고 생각했기 때문이다.

② 선생님이 왕처럼 중요하다고 생각했기 때문이다.

③ 선생님을 존경하는 마음이 선왕을 존경하는 마음과 비슷하다고 생각했기 때문이다.

한자 쓰기 연습 오늘 배운 한자를 바르게 쓰며 익혀 보세요.

先 先 先 先 先 先						뜻 _____
先						소리 _____

하나 한자의 뜻과 소리를 읽어 보세요.

둘 한자의 뜻이 만들어진 배경(어원)을 상상해 보세요.

생 (뜻) 날 (소리) 생

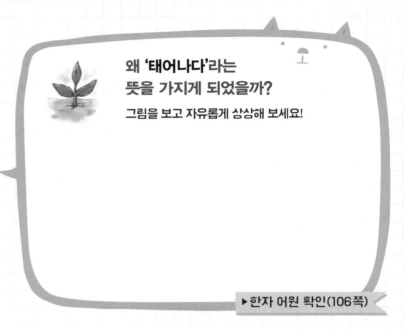

왜 '태어나다'라는 뜻을 가지게 되었을까?

그림을 보고 자유롭게 상상해 보세요!

▶ 한자 어원 확인(106쪽)

🏫 초등 교과서 한자 어휘

교과서 한자 어휘를 소리 내어 읽고, 예문의 빈칸을 채워 보세요.

생일	인생
生 + 일 날 日	인 + 生 사람 人

뜻 태어난 날.

뜻 사람이 살아있는 기간. 사람이 세상을 살아가는 일.

예문
친구의 _____을 맞아
편지를 준비했습니다.

예문
책을 많이 읽으면 _____이
더욱 풍부해집니다.

빈칸에 들어갈 알맞은 어휘를 찾아 선을 연결해 보세요.

생일 •

• 나는 [   ]에 미역국을 먹었습니다.

인생 •

• 유관순 열사는 독립운동에 [   ]을 바쳤습니다.

문해력 향상 아래 글을 읽고 질문에 답해 보세요.

오늘은 민수의 생일이었어요. 민수는 생일 소원으로 원했던 장난감을 받았고, 좋아하는 친구들과 모두 모여서 생일 파티를 했어요. 민수는 행복한 마음을 가득 담아 말했어요. "오늘은 내 인생 최고의 생일이야!" 친구들과 함께 케이크를 나눠 먹고, 웃고 떠들다 보니 민수는 오늘 하루가 정말 특별하게 느껴졌어요. "생일이 이렇게 멋진 거구나!" 민수는 더 이상 바랄 게 없을 정도로 기뻤어요.

❶ 민수는 생일에 무엇을 받았나요?

_____

❷ "오늘은 내 인생 최고의 생일이야!"라고 말한 민수의 기분은 어땠을까요?

① 기쁘고 행복했다.

② 슬프고 아쉬웠다.

③ 화가 나고 속상했다.

한자 쓰기 연습 오늘 배운 한자를 바르게 쓰며 익혀 보세요.

生 生 生 生 生							뜻 _____
生							소리 _____

하나 한자의 뜻과 소리를 읽어 보세요.

둘 한자의 뜻이 만들어진 배경(어원)을 상상해 보세요.

뜻 소리
가르칠 교

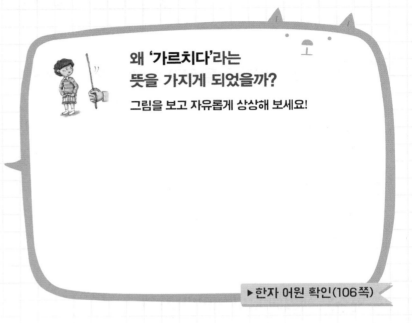

왜 '**가르치다**'라는 뜻을 가지게 되었을까?

그림을 보고 자유롭게 상상해 보세요!

▶ 한자 어원 확인(106쪽)

🏫 초등 교과서 한자 어휘

교과서 한자 어휘를 소리 내어 읽고, 예문의 빈칸을 채워 보세요.

교실

教 **+** 실
집 室

뜻 학교에서 학생들이 수업하는 방.

(예문)
쉬는 시간에 우리 반 _____은 와자지껄합니다.

교학

教 **+** 학
배울 學

뜻 교육과 학문을 아울러 이르는 말. 가르치고 배움.

(예문)
학교는 _____이 이루어지는 장소입니다.

빈칸에 들어갈 알맞은 어휘를 찾아 선을 연결해 보세요.

교실 •

• 가르치고 배우는 [   ] 중에 선생님과 학생이 함께 성장합니다.

교학 •

• 우리 반 [   ]에 20명의 학생이 있습니다.

문해력 향상 아래 글을 읽고 질문에 답해 보세요.

수업이 끝난 후, 지훈이는 선생님에게 다가가 질문했어요. "선생님, 오늘 배운 내용이 조금 어려웠어요." 그러자 선생님이 웃으며 말했어요. "교학상장(教學相長)이라는 말이 있단다. 가르치는 사람도 배우면서 성장한다는 뜻이지." 지훈이는 고개를 갸웃했어요. "그럼 선생님도 저한테 배우는 게 있나요?" 선생님은 미소 지으며 대답했어요. "그럼! 너희가 교실에서 질문할 때마다 나도 더 좋은 답을 고민하게 되거든."

❶ 선생님이 말한 '교학상장'의 의미는 무엇인가요?

① 배우는 사람만 성장한다는 뜻

② 가르치는 사람만 성장한다는 뜻

③ 가르치는 사람도 배우면서 성장한다는 뜻

❷ 선생님은 왜 학생들에게 배우는 것도 있다고 했나요?

_____

한자 쓰기 연습 오늘 배운 한자를 바르게 쓰며 익혀 보세요.

教 教 教 教 教 教 教 教 教 教 教										뜻 _____
教										소리 _____

103

31-35 복습

1 빈칸에 공통으로 들어가는 한자를 연결해 보세요.

① ☐교 ☐생 •   • 學 배울 학

② ☐문 ☐장 •   • 先 먼저 선

③ ☐생 ☐왕 •   • 校 학교 교

④ ☐일 인☐ •   • 敎 가르칠 교

⑤ ☐실 ☐학 •   • 生 날 생

2 어휘의 뜻을 읽고 어휘 열쇠를 완성해 보세요.

🔑 가로 열쇠

① 학생을 교육하는 기관.

② 학생을 가르치는 사람.
  학예가 뛰어난 사람의 존칭.

🔑 세로 열쇠

③ 학교에서 제일 높으신 분.
  학교의 최고 책임자.

④ 태어난 날.

		❶	❸
❷	❹		

❸ 그림과 관련 있는 어휘를 골라 동그라미 표시해 보세요.

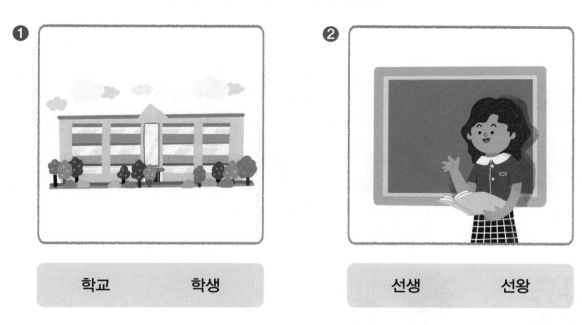

❶

| 학교 | 학생 |

❷

| 선생 | 선왕 |

❹ 문장을 읽고 빈칸에 알맞은 번호를 보기에서 찾아 써 보세요.

❶ 교학   ❷ 교실   ❸ 인생   ❹ 선왕   ❺ 교문   ❻ 학생

① [ ] 창문에서 운동장이 한눈에 보여요.

② 선생님은 '[ ]상장'이라는 말처럼 가르치면서 배운다고 하셨어요.

③ 친구와 [ ] 앞에서 만나 교실로 향했어요.

④ 우리 학교에 500명이 넘는 [ ]이 있어요.

⑤ 부모님께서 [ ]은 한 번뿐이니 시간을 소중히 여기라고 하셨어요.

⑥ 옛날 왕들은 [ ]의 지혜를 본받으려고 노력했어요.

한자	뜻이 만들어진 배경
學 배울 학	아이가 집에서 손으로 책을 잡고 보는 모습이 바뀌어서 만들어졌어요. 이것이 '배운다'는 뜻이 되었어요.
校 학교 교	나무 밑에서 학생들을 가르치는 모양이 바뀌어서 만들어졌어요. 이것이 '학교'의 뜻이 되었어요.
先 먼저 선	다른 사람보다 앞서 걸어가는 모양이 바뀌어서 만들어졌어요.
生 날 생	땅 위에 돋아난 싹의 모양이 바뀌어서 만들어졌어요.
教 가르칠 교	매를 들고 가르치는 모습이 바뀌어서 만들어졌어요.

08과

상태

이번 주에 학습할 한자를 보고 생각나는 어휘를 자유롭게 떠올려 보세요.

36 일차
월 일
백 白

37 일차
월 일
청 靑

38 일차
월 일
장 長

39 일차
월 일
대 大

40 일차
월 일
소 小

하나 한자의 뜻과 소리를 읽어 보세요.

둘 한자의 뜻이 만들어진 배경(어원)을 상상해 보세요.

뜻 소리
흰 백

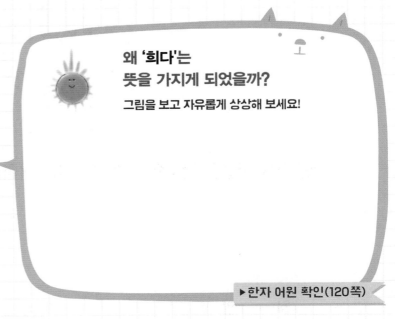

왜 '희다'는
뜻을 가지게 되었을까?

그림을 보고 자유롭게 상상해 보세요!

▶ 한자 어원 확인(120쪽)

🏫 초등 교과서 한자 어휘

교과서 한자 어휘를 소리 내어 읽고, 예문의 빈칸을 채워 보세요.

백인

白 + 인
사람 人

뜻 백색 인종에 속하는 사람.

[예문]

미국에는 _____뿐만 아니라
다양한 인종이 있습니다.

백기

白 + 기
기 旗

뜻 흰 빛깔의 깃발.
항복의 표시로 쓰는 흰 기.

[예문]

청기와 _____를 흔들며 각자의 팀을
응원합니다.

빈칸에 들어갈 알맞은 어휘를 찾아 선을 연결해 보세요.

백인 •

• [   ] 인종의 피부는 자외선에 약한 편입니다.

백기 •

• 시험 문제가 너무 어려워 [   ]를 들고 말았습니다.

문해력 향상 아래 글을 읽고 질문에 답해 보세요.

운동회 날, 학교 운동장은 응원 소리로 가득했어요. 지훈이는 청팀에서, 친구 태호는 백팀에서 출전했어요. 친구들은 응원의 의미로 청기와 백기를 흔들었어요. "오늘은 꼭 우리 팀이 이길 거야!" 지훈이가 외치자, 태호도 웃으며 말했어요. "아니, 우리 팀이 이길 거야!" 그렇게 달리기 경기가 시작되고, 마지막 주자로 백인 선생님이 뛰어 나오자 모두 깜짝 놀랐어요. 선생님은 유창한 한국어로 외쳤어요. "운동회에서는 국적도, 언어도 상관없어요! 청백팀 모두 하나가 되는 날이죠!"

❶ 지훈이가 속한 팀은 어떤 팀이었나요?

_____

❷ 다음 중 백인 선생님이 한 말과 가장 관련이 있는 설명을 골라 보세요.

① 운동회에서 각 나라를 대표해야 한다.
② 운동회에서 평등하게 참여하고 즐기는 것이 중요하다.
③ 운동회에서 유창한 외국어를 사용하는 것이 중요하다.

한자 쓰기 연습 오늘 배운 한자를 바르게 쓰며 익혀 보세요.

白 白 白 白 白								뜻 _____
白								소리 _____

31 일차

하나 한자의 뜻과 소리를 읽어 보세요.

둘 한자의 뜻이 만들어진 배경(어원)을 상상해 보세요.

靑

뜻 소리
푸를 청

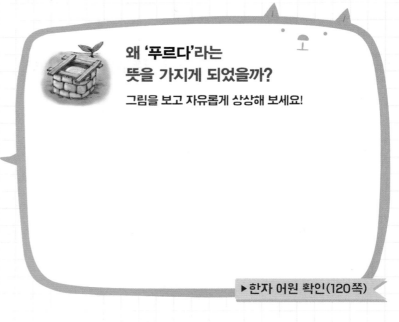

왜 '푸르다'라는 뜻을 가지게 되었을까?

그림을 보고 자유롭게 상상해 보세요!

▶ 한자 어원 확인(120쪽)

🏛 **초등 교과서 한자 어휘**

교과서 한자 어휘를 소리 내어 읽고, 예문의 빈칸을 채워 보세요.

청산

靑 + 산
메 山

뜻 풀과 나무가 무성한 푸른 산.

예문

나는 _____에서 자연과 함께
살고 싶습니다.

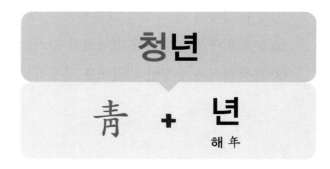

청년

靑 + 년
해 年

뜻 청춘기에 있는 젊은 사람.

예문

_____들은 꿈을 이루기 위해
열심히 노력합니다.

빈칸에 들어갈 알맞은 어휘를 찾아 선을 연결해 보세요.

청산 •

청년 •

• 마을에 20대 [   ]이 살고 있었습니다.

• '[   ]유수'는 말을 물 흐르듯이 잘한다는 뜻입니다.

문해력 향상 아래 글을 읽고 질문에 답해 보세요.

푸른 산으로 둘러싸인 작은 마을, 그곳에 한 청년이 살고 있었어요. 그는 매일 아침 청산 위로 떠오르는 해를 보며 하루를 시작했지요. 어느 날, 마을 어르신이 말했어요. "이곳은 오랜 세월 동안 푸른 청산이 마을을 지켜주었지." 청년은 고개를 끄덕이며 대답했어요. "저도 이 마을을 지키는 사람이 되고 싶어요." 그날부터 그는 마을을 가꾸고 돕는 일을 하며, 마을에 힘을 보태는 든든한 청년 일꾼이 되었어요.

❶ 청년은 어떤 다짐을 했나요?

_____

❷ 청년은 마을을 지키기 위해 어떤 일을 했나요?

① 마을을 가꾸고 돕는 일을 했다.

② 마을을 떠나 다른 도시로 이사했다.

③ 마을의 자원을 모두 파괴했다.

한자 쓰기 연습 오늘 배운 한자를 바르게 쓰며 익혀 보세요.

靑 靑 靑 靑 靑 靑 靑 靑

靑							

뜻 _____

소리 _____

38 일차

하나 한자의 뜻과 소리를 읽어 보세요.

둘 한자의 뜻이 만들어진 배경(어원)을 상상해 보세요.

뜻   소리
길, 어른 **장**

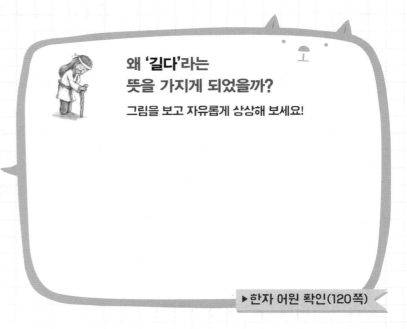

왜 '길다'라는
뜻을 가지게 되었을까?

그림을 보고 자유롭게 상상해 보세요!

▶ 한자 어원 확인(120쪽)

🏫 **초등 교과서 한자 어휘**

교과서 한자 어휘를 소리 내어 읽고, 예문의 빈칸을 채워 보세요.

연장자	교장

연 + **長** + **자**
해年   놈者

교 + **長**
학교校

뜻 나이가 많은 사람.

뜻 학교에서 제일 높으신 분.
학교의 최고 책임자.

[예문]
우리 할아버지는 마을에서
가장 _____ 입니다.

[예문]
이분은 우리 학교의 _____
선생님이십니다.

빈칸에 들어갈 알맞은 어휘를 찾아 선을 연결해 보세요.

연장자 •

• 새 학기가 되자 새로운 [   ] 선생님이 오셨습니다.

교장 •

• 우리 집에서는 할아버지가 가장 [   ]이십니다.

문해력 향상 아래 글을 읽고 질문에 답해 보세요.

새 학기가 시작되자, 학생들은 새로운 교장 선생님이 오신다는 소식을 들었어요. 아침 조회 시간, 단상 위에 올라온 교장 선생님은 인자한 미소를 지으며 말했어요. "여러분, 저는 이 학교에서 가장 나이가 많은 연장자이지만, 아직도 배우는 걸 좋아한답니다." 학생들은 깜짝 놀라며 서로를 쳐다보았어요. 그러자 교장 선생님이 웃으며 덧붙였어요. "배움에는 나이가 없어요. 여러분과 함께 새로운 것을 배워가는 한 해가 되었으면 좋겠어요!"

❶ 새로운 교장 선생님은 자신을 어떻게 소개하셨나요?

_____

❷ 교장 선생님이 말한 "배움에는 나이가 없어요"는 어떤 의미인가요?

① 나이가 많으면 배우지 않아도 된다는 뜻

② 나이에 관계없이 언제나 배울 수 있다는 뜻

③ 배움은 어린이들만 하는 것이라는 뜻

한자 쓰기 연습 오늘 배운 한자를 바르게 쓰며 익혀 보세요.

長 長 長 長 長 長 長 長						뜻 _____
長						소리 _____

하나 한자의 뜻과 소리를 읽어 보세요.

둘 한자의 뜻이 만들어진 배경(어원)을 상상해 보세요.

뜻 소리

큰 대

왜 '크다'는
뜻을 가지게 되었을까?

그림을 보고 자유롭게 상상해 보세요!

▶ 한자 어원 확인(120쪽)

🏫 초등 교과서 한자 어휘

교과서 한자 어휘를 소리 내어 읽고, 예문의 빈칸을 채워 보세요.

대인

大 + 인
사람 人

뜻 어른이 된 사람. 몸이 아주 큰 사람.

[예문]
걸리버는 _____이 사는 나라를
여행했어요.

대학

大 + 학
배울 學

뜻 고등 교육 기관의 하나.

[예문]
우리 형은 _____생이에요.

114

대인 •

대학 •

• 소인 입장료는 500원이고, [   ] 입장료는 1000원입니다.

• 언니는 고등학교를 졸업하고 [   ]교에 갑니다.

문해력 향상 아래 글을 읽고 질문에 답해 보세요.

민지는 주말에 한글박물관에 갔어요. 그런데 소인과 대인 입장료가 달랐어요. 민지는 소인 입장료 1000원을 내고, 대학생인 언니는 대인 입장료 1500원을 냈어요. 두 사람은 한글박물관을 둘러보며 한글의 원리를 쉽게 체험하고, 한글이 얼마나 위대한지 느낄 수 있었어요. 민지는 집에 돌아와 아빠에게 이렇게 말했어요. "세종대왕이 만든 한글은 정말 위대해요!"

❶ 민지는 누구와 한글박물관에 갔나요?

_____

❷ 민지는 한글박물관에서 무엇을 느꼈나요?

_____

한자 쓰기 연습 오늘 배운 한자를 바르게 쓰며 익혀 보세요.

大 大 大

大

뜻 _____

소리 _____

하나 한자의 뜻과 소리를 읽어 보세요.

둘 한자의 뜻이 만들어진 배경(어원)을 상상해 보세요.

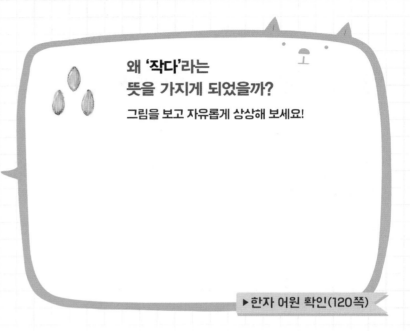

왜 '**작다**'라는
뜻을 가지게 되었을까?

그림을 보고 자유롭게 상상해 보세요!

▶한자 어원 확인(120쪽)

🏫 **초등 교과서 한자 어휘**

교과서 한자 어휘를 소리 내어 읽고, 예문의 빈칸을 채워 보세요.

소인	대소
小 + 인 사람 人	대 + 小 클 大

뜻 나이가 어린 사람. 키 작은 사람.

뜻 사물의 크고 작음.

예문

_____은 이 놀이기구를 탈 수 없습니다.

예문

두 가지 모두 중요해서 _____를
가릴 수 없습니다.

소인 •

• 반장은 [   ] 구분 없이 모두의 의견을 귀담아 듣습니다.

대소 •

• [   ] 은 온천에 무료로 입장할 수 있습니다.

문해력 향상 아래 글을 읽고 질문에 답해 보세요.

주말에 가족과 함께 온천에 갔어요. 표를 끊으려고 보니 소인과 어른 요금이 다르게 적혀 있었어요. 나는 소인 요금을 내고 들어가 작은 탕에 몸을 담갔어요. 그런데 온천 안에는 큰 탕, 작은 탕이 여러 개 있었고, 벽에는 '온천은 대소 구분 없이 누구나 이용할 수 있습니다.'라는 안내문이 붙어 있었어요. 탕의 크기와 상관없이 사람들이 함께 온천을 즐기는 모습을 보며 나는 '어른과 아이, 크고 작음에 관계없이 모두 함께 이용할 수 있구나.'라고 생각했어요.

❶ 빈칸에 들어갈 알맞은 말을 써 보세요.

온천은 대소 구분 없이 [ ][ ][ ] 이용할 수 있습니다.

❷ 다음 중 옳지 않은 문장은 무엇인가요?

① 온천에는 큰 탕과 작은 탕이 여러 개 있었다.

② 온천에는 대소 구분 없이 누구나 이용할 수 있다는 안내문이 있었다.

③ 주인공은 안내문을 보고 나서, '어른과 아이는 다른 탕을 사용해야 한다'고 생각했다.

한자 쓰기 연습 오늘 배운 한자를 바르게 쓰며 익혀 보세요.

小 小 小

小

뜻 _____

소리 _____

36-40
복습

1 빈칸에 공통으로 들어가는 한자를 연결해 보세요.

① ☐인　☐기　•

② ☐산　☐년　•

③ 연☐자　교☐　•

④ ☐인　☐학　•

⑤ ☐인　대☐　•

•　長 길, 어른 장

•　靑 푸를 청

•　白 흰 백

•　小 작을 소

•　大 큰 대

2 어휘의 뜻을 읽고 어휘 열쇠를 완성해 보세요.

🔑 **가로 열쇠**

① 어른이 된 사람. 몸이 아주 큰 사람.

② 나이가 많은 사람.

🔑 **세로 열쇠**

③ 나이가 어린 사람. 키 작은 사람.

④ 학교에서 제일 높으신 분.
　 학교의 최고 책임자.

❸ 그림과 관련 있는 어휘를 골라 동그라미 표시해 보세요.

❶

청산　　　청년

❷

소인　　　대인

❹ 문장을 읽고 빈칸에 알맞은 번호를 보기에서 찾아 써 보세요.

❶ 대소　　❷ 대학　　❸ 청년　　❹ 청산　　❺ 백기　　❻ 백인

① 식구들이 집안의 [　　　] 사를 함께 해요.

② 그는 도전 정신이 넘치는 스무 살 [　　　] 입니다.

③ 언니는 원하는 [　　　] 에 합격하기 위해 열심히 공부하고 있어요.

④ 적군은 전쟁 중에 [　　　] 를 들고 후퇴했어요.

⑤ 영화에서 [　　　] 과 다른 인종 간의 문화 차이를 비교했어요.

⑥ 할아버지는 고향의 [　　　] 을 보며 추억을 떠올리셨어요.

한자	뜻이 만들어진 배경	
白 흰 백		해의 빛이 위로 비치는 모양이 바뀌어서 만들어 졌어요. 번쩍이는 모양이 밝은 색, 흰색의 의미 가 되었어요.
青 푸를 청		파란 풀이 우물가에 나 있는 모양이 바뀌어서 만들어졌어요.
長 길, 어른 장		머리를 길게 늘어뜨린 노인이 지팡이를 짚고 있 는 모양이 바뀌어 만들어졌어요.
大 큰 대		양팔을 크게 벌리고 서 있는 모양이 바뀌어서 만들어졌어요.
小 작을 소		작고 작은 곡식의 낱알 모양이 바뀌어서 만들어 졌어요.

09과

나라

이번 주에 학습할 한자를 보고 생각나는 어휘를 자유롭게 떠올려 보세요.

41 일차
월   일
한 韓

42 일차
월   일
국 國

43 일차
월   일
민 民

44 일차
월   일
군 軍

45 일차
월   일
왕 王

하나 한자의 뜻과 소리를 읽어 보세요.

둘 한자의 뜻이 만들어진 배경(어원)을 상상해 보세요.

뜻 소리

한국, 나라 **한**

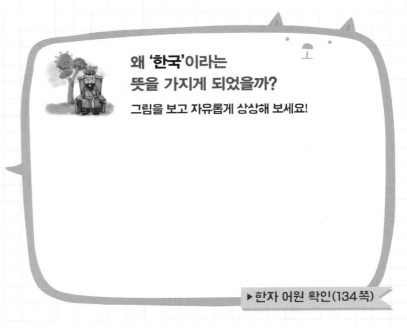

왜 '한국'이라는 뜻을 가지게 되었을까?

그림을 보고 자유롭게 상상해 보세요!

▶ 한자 어원 확인(134쪽)

🏫 초등 교과서 한자 어휘

교과서 한자 어휘를 소리 내어 읽고, 예문의 빈칸을 채워 보세요.

한국	한일
韓 + 국 나라 國	韓 + 일 날 日

뜻 대한민국을 줄여서 부르는 말.

뜻 한국과 일본을 아울러 부르는 말.

예문

_____에는 봄, 여름, 가을, 겨울 사계절이
있습니다.

예문

오늘 축구 경기는 _____전입니다.

빈칸에 들어갈 알맞은 어휘를 찾아 선을 연결해 보세요.

| 한국 | • | • | | 의 드라마와 K-POP이 세계적인 인기를 끌고 있습니다. |

| 한일 | • | • | | 두 나라는 이웃 나라로서 서로 도움을 주고 받습니다. |

문해력 향상 아래 글을 읽고 질문에 답해 보세요.

온 가족이 TV 앞에 모였어요. 오늘은 축구 라이벌, 한국과 일본의 경기가 열리는 날이에요. 경기장에는 태극기와 일장기가 휘날렸고, 선수들은 필사적으로 뛰었어요. 전반전이 끝났을 때, 한국이 1대 0으로 앞서가고 있었어요. 그때 아빠가 말했어요. "한일전은 늘 치열하지만, 서로를 존중하며 멋진 경기를 펼치는 게 중요하지." 후반전이 시작되었고, 나는 손에 땀을 쥐며 생각했어요. '이 경기가 단순한 승부를 넘어, 스포츠 정신을 보여주는 멋진 순간이 되면 좋겠다!'

❶ 한국과 일본의 축구 경기에서 전반전 점수는 어땠나요?

_____

❷ 아빠는 왜 한일전에서 서로를 존중하는 것이 중요하다고 했나요?

① 치열하게 경쟁할 필요가 없기 때문

② 한일전에서 항상 이길 수 있기 때문

③ 치열한 경기를 하더라도 스포츠 정신을 보여주는 것이 중요하기 때문

한자 쓰기 연습 오늘 배운 한자를 바르게 쓰며 익혀 보세요.

| 韓 韓 韓 韓 韓 韓 韓 韓 韓 韓 韓 韓 韓 韓 韓 韓 韓 | | | | | | 뜻 _____ |
| 韓 | | | | | | 소리 _____ |

42 일차

하나 한자의 뜻과 소리를 읽어 보세요.

둘 한자의 뜻이 만들어진 배경(어원)을 상상해 보세요.

뜻 소리

나라 **국**

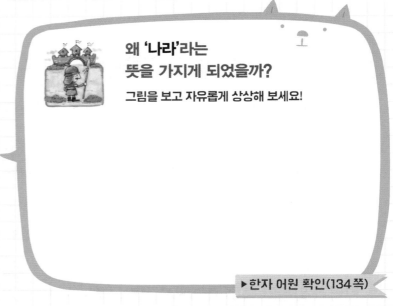

왜 '나라'라는 뜻을 가지게 되었을까?

그림을 보고 자유롭게 상상해 보세요!

▶한자 어원 확인(134쪽)

🏛 초등 교과서 한자 어휘

교과서 한자 어휘를 소리 내어 읽고, 예문의 빈칸을 채워 보세요.

국민

國 + 민
백성 民

뜻 국가를 구성하는 사람. 그 나라의 국적을 가진 사람.

[예문]
나는 대한민국 _____입니다.

국토

國 + 토
흙 土

뜻 나라의 땅.

[예문]
여름 방학을 맞아 _____대장정 길에 올랐습니다.

빈칸에 들어갈 알맞은 어휘를 찾아 선을 연결해 보세요.

국민 •

• [   ]는 그 나라 사람들이 살아가는 공간입니다.

국토 •

• 모든 [   ]이 투표를 통해 대통령을 뽑습니다.

문해력 향상 아래 글을 읽고 질문에 답해 보세요.

국민은 한 나라의 구성원으로, 그 나라를 이루는 중요한 사람들이에요. 국민은 나라를 잘 운영하고 발전시키는 데 중요한 역할을 해요. 국민이 함께 힘을 합쳐서 더 나은 나라를 만들어 갈 수 있어요. 국토는 한 나라의 땅과 자연을 말해요. 국토는 그 나라에서 사람들이 살아가는 공간이기 때문에, 자연을 지키고 보호하는 것이 매우 중요해요. 국토가 깨끗하고 건강하게 유지되면, 국민이 행복하게 살 수 있어요.

① '국민'과 '국토'의 의미를 알맞게 연결해 보세요.

① 국민 •

• **(가)** 나라의 땅과 자연

② 국토 •

• **(나)** 나라를 이루는 사람들

① 국민은 무엇을 해야 하나요?

① 나라가 잘 운영되도록 도와야 한다.

② 나라에서 멀리 떨어져 있어야 한다.

③ 나라의 일에 관심을 가지지 말아야 한다.

한자 쓰기 연습 오늘 배운 한자를 바르게 쓰며 익혀 보세요.

國 國 國 國 國 國 國 國 國 國										뜻 _____
國										소리 _____

43 일차

하나 한자의 뜻과 소리를 읽어 보세요.

둘 한자의 뜻이 만들어진 배경(어원)을 상상해 보세요.

뜻 소리
백성 민

왜 '백성'이라는
뜻을 가지게 되었을까?

그림을 보고 자유롭게 상상해 보세요!

▶ 한자 어원 확인(134쪽)

🏫 초등 교과서 한자 어휘

교과서 한자 어휘를 소리 내어 읽고, 예문의 빈칸을 채워 보세요.

국민

국 + 民
나라 國

뜻 국가를 구성하는 사람. 그 나라의 국적을 가진 사람.

[예문]

_____의 세금은 올바르게 사용되어야 합니다.

민생

民 + 생
날 生

뜻 일반 국민의 생활.

[예문]

나라가 잘 되려면 _____이 안정되어야 합니다.

빈칸에 들어갈 알맞은 어휘를 찾아 선을 연결해 보세요.

국민 •   • 모든 [   ]은 법 앞에 평등합니다.

민생 •   • 왕은 [   ]을 안정시키는 데 힘썼습니다.

문해력 향상 아래 글을 읽고 질문에 답해 보세요.

옛날, 어느 나라에 백성을 진심으로 아끼는 왕이 살고 있었어요. 왕은 항상 "국민이 편안해야 나라가 평안하다."라고 말하며, 민생을 안정시키는 데 힘썼어요. 또 국민들이 건강하고 행복하게 살아갈 수 있도록 노력했지요. 그러던 어느 해, 나라에 큰 가뭄이 들어 농사를 망치게 되자, 백성들의 삶이 어려워졌어요. 이를 안타깝게 여긴 왕은 곡식 창고를 열어 백성들에게 곡식을 나누어 주고, 직접 농사일을 도와주며 백성들의 고통을 함께 나누었어요. 왕의 진심에 감동한 국민들은 서로 돕고 협력하여 어려움을 이겨냈어요. 마침내 비가 내리고 풍년이 들자, 왕과 국민 모두 행복한 나날을 보내게 되었답니다.

❶ 왕이 항상 말한 것은 무엇인가요?

① 비가 내리면 풍년이 든다.

② 농사일을 잘해야 나라가 잘 된다.

③ 나라가 잘 살려면 국민이 편안해야 한다.

❷ 백성들의 삶이 어려워지자, 왕은 민생을 안정시키기 위해 무엇을 했나요?

_____

한자 쓰기 연습 오늘 배운 한자를 바르게 쓰며 익혀 보세요.

民 民 民 民 民						뜻 _____
民						소리 _____

44 일차

하나 한자의 뜻과 소리를 읽어 보세요.

둘 한자의 뜻이 만들어진 배경(어원)을 상상해 보세요.

뜻 소리

군사 군

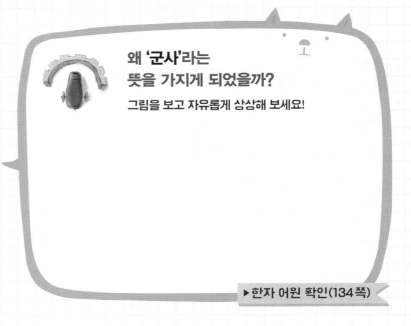

왜 '군사'라는 뜻을 가지게 되었을까?

그림을 보고 자유롭게 상상해 보세요!

▶ 한자 어원 확인(134쪽)

🏛 **초등 교과서 한자 어휘**

교과서 한자 어휘를 소리 내어 읽고, 예문의 빈칸을 채워 보세요.

군인	수군
軍 + 인	수 + 軍
사람 人	물 水

뜻 군대에서 나라를 지키는 일을 하는 사람.

뜻 조선시대에 바다에서 나라를 지키던 군대.

[예문]

나는 커서 멋진 _____이 되고 싶습니다.

[예문]

_____ 만여 명이 바다를 지켰습니다.

빈칸에 들어갈 알맞은 어휘를 찾아 선을 연결해 보세요.

군인 •   • [   ]은 역할에 따라 육군, 해군, 공군 등으로 나뉩니다.

수군 •   • 이순신 장군이 [   ]을 이끌고 왜군을 크게 무찔렀습니다.

문해력 향상 아래 글을 읽고 질문에 답해 보세요.

오늘 학교에서는 직업 체험 시간이 있었어요. 선생님이 물었어요. "여러분, 군인에는 어떤 종류가 있을까요?" 지훈이가 손을 들고 대답했어요. "땅에서 나라를 지키는 군인인 육군도 있고, 하늘을 지키는 군인인 공군도 있어요!" 그때, 민수가 말했어요. "그리고 바다를 지키는 수군도 있어요! 이순신 장군님이 이끄셨던 군대죠!" 선생님은 미소를 지으며 말했어요. "맞아요. 조선시대에는 이순신 장군님이 이끌던 군대를 수군이라고 했어요. 현재는 바다를 지키는 군인을 해군이라고 부른답니다."

① 조선시대 이순신 장군님이 이끌던 수군은 무엇을 지키는 군인인가요?

① 땅을 지키는 군인

② 하늘을 지키는 군인

③ 바다를 지키는 군인

② 선생님은 현재 바다를 지키는 군인을 무엇이라고 부른다고 했나요?

_____

한자 쓰기 연습 오늘 배운 한자를 바르게 쓰며 익혀 보세요.

軍軍軍軍軍軍軍軍								뜻 _____
軍								소리 _____

하나 한자의 뜻과 소리를 읽어 보세요.

둘 한자의 뜻이 만들어진 배경(어원)을 상상해 보세요.

뜻 소리

임금 왕

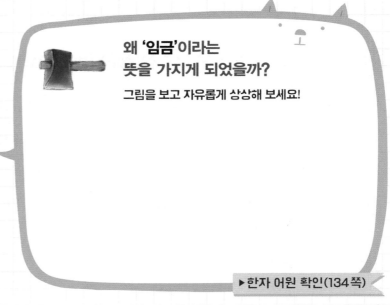

왜 '임금'이라는
뜻을 가지게 되었을까?

그림을 보고 자유롭게 상상해 보세요!

▶ 한자 어원 확인(134쪽)

🏫 초등 교과서 한자 어휘

교과서 한자 어휘를 소리 내어 읽고, 예문의 빈칸을 채워 보세요.

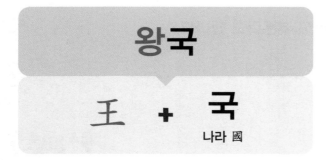

왕국

王 + 국
나라 國

뜻 임금이 다스리는 나라.

예문

_____은 높은 성벽으로 둘러싸여
있었습니다.

왕자

王 + 자
아들 子

뜻 임금의 아들.

예문

공주와 _____는 무도회에서 춤을
췄습니다.

어휘 확인 빈칸에 들어갈 알맞은 어휘를 찾아 선을 연결해 보세요.

왕국 •

• 밤 사이 눈이 내려 마을이 겨울 [　　] 처럼 변했습니다.

왕자 •

• 어린 [　　] 는 별에서 장미 한 송이를 가꾸며 살았습니다.

문해력 향상 아래 글을 읽고 질문에 답해 보세요.

전쟁의 불길이 타오르는 밤, 적군이 성벽을 넘어 왕국의 중심까지 밀려왔어요. 왕은 피투성이가 된 채 쓰러졌고, 어린 왕자는 왕좌 앞에 홀로 남았어요. "도망치십시오! 이 성은 무너집니다!" 신하들이 절박하게 외쳤어요. 하지만 왕자는 떨리는 손으로 아버지의 검을 쥐었어요. "이 왕국이 무너지는 모습을 두고 볼 수 없어." 달빛 아래, 작은 손에 쥔 검날이 차갑게 빛났어요.

❶ 왕국은 어떤 위기에 처했나요?

① 적군이 성벽을 넘어 왕국의 중심까지 밀려왔다.

② 전쟁이 일어나자, 왕이 도망쳐 왕국을 떠났다.

③ 왕국은 평화롭고, 신하들은 안전하게 지내고 있었다.

❷ 왕자는 왜 도망치지 않고 아버지의 검을 들었나요?

_____

한자 쓰기 연습 오늘 배운 한자를 바르게 쓰며 익혀 보세요.

王 王 王 王							뜻 _____
王							소리 _____

① 빈칸에 공통으로 들어가는 한자를 연결해 보세요.

① ☐국 ☐일 •

② ☐민 ☐토 •

③ 국☐ ☐생 •

④ ☐인 수☐ •

⑤ ☐국 ☐자 •

• 韓 한국, 나라 한

• 軍 군사 군

• 民 백성 민

• 國 나라 국

• 王 임금 왕

② 어휘의 뜻을 읽고 어휘 열쇠를 완성해 보세요.

🔑 **가로 열쇠**

① 대한민국을 줄여서 부르는 말.

② 조선시대에 바다에서 나라를 지키던 군대.

🔑 **세로 열쇠**

③ 국가를 구성하는 사람. 그 나라의 국적을 가진 사람.

④ 군대에서 나라를 지키는 일을 하는 사람.

❶	❸		
		❷	❹

3 그림과 관련 있는 어휘를 골라 동그라미 표시해 보세요.

❶
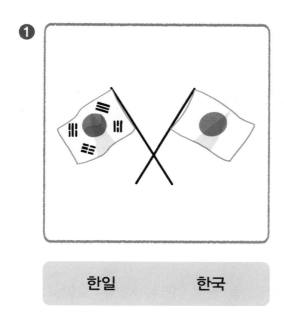

| 한일 | 한국 |

❷

| 왕자 | 공주 |

4 문장을 읽고 빈칸에 알맞은 번호를 보기에서 찾아 써 보세요.

> ❶ 왕자   ❷ 왕국   ❸ 민생   ❹ 국민   ❺ 국토   ❻ 한일

① 옛날에 용감한 왕이 다스리는 [   ]이 있었어요.

② 왕은 국민이 편하게 살도록 [   ]을 살폈어요.

③ 나는 [   ] 두 나라가 사이좋게 지내면 좋겠어요.

④ 우리나라의 [   ]는 산과 강이 어우러진 아름다운 곳이에요.

⑤ 동화 속에서 개구리가 마법이 풀리자 멋진 [   ]로 변했어요.

⑥ 모든 [   ]은 세금을 낼 의무가 있어요.

09과 한자 어원 확인

한자	뜻이 만들어진 배경
韓 한국, 나라 한	아침 해가 떠오르는 동쪽의 위대한 나라를 나타낸 글자예요. 그래서 한국을 나타내는 글자로 쓰이게 되었어요.
國 나라 국	병사가 창을 들고 영토를 지키는 모양을 본떠서 만든 글자예요. 이것이 나라를 나타내게 되었어요.
民 백성 민	임금에게 고개를 숙이는 사람의 모습이 바뀌어서 만들어졌어요. 이것이 백성을 나타내게 되었어요.
軍 군사 군	전차를 둘러싸고 군에서 병력을 배치한 모양이 바뀌어서 만들어졌어요.
王 임금 왕	임금을 상징하는 도끼가 모양이 바뀌어서 만들어졌어요.

10과

기타

이번 주에 학습할 한자를 보고 생각나는 어휘를 자유롭게 떠올려 보세요.

46 일차
월 일
만 萬

48 일차
월 일
중 中

49 일차
월 일
실 室

47 일차
월 일
년(연) 年

50 일차
월 일
문 門

46 일차

하나 한자의 뜻과 소리를 읽어 보세요.

둘 한자의 뜻이 만들어진 배경(어원)을 상상해 보세요.

萬

뜻 소리

일만 만

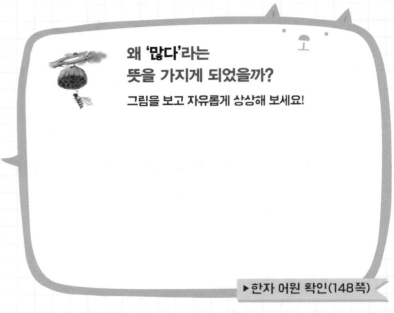

왜 '많다'라는 뜻을 가지게 되었을까?

그림을 보고 자유롭게 상상해 보세요!

▶ 한자 어원 확인(148쪽)

🏫 초등 교과서 한자 어휘

교과서 한자 어휘를 소리 내어 읽고, 예문의 빈칸을 채워 보세요.

만국	만인
萬 + 국 나라 國	萬 + 인 사람 人

뜻 모든 나라.

뜻 많은 사람. 모든 사람.

예문

_____박람회에서는 여러 나라의 전통 옷을 볼 수 있습니다.

예문

그 배우는 _____의 사랑을 받고 있습니다.

136

만국 •

• 올림픽에서 [   ]의 선수들이 모여 실력을 겨룹니다.

만인 •

• 그의 연설은 [   ]의 마음을 움직였습니다.

문해력 향상 아래 글을 읽고 질문에 답해 보세요.

서울 광장에서 거대한 축제가 열렸어요. 이름은 만국 문화 축제! 전 세계에서 온 사람들이 각국의 전통 옷을 입고 모였어요. 길거리 공연이 시작되자, 누구든 국적과 상관없이 춤을 추고 노래를 불렀어요. "이 순간, 국적을 넘어 만인이 하나가 되는구나!" 지훈이는 환한 얼굴로 손을 흔들며 생각했어요. '이렇게 다 함께 어울리는 축제가 계속되면 좋겠다!'

1 만국 문화 축제에서는 어떤 사람들이 모였나요?

① 축제에는 오직 한국 사람만 모였다.

② 각국의 전통 옷을 입은 사람들이 모였다.

③ 축제에는 오직 춤을 추는 사람들만 모였다.

2 지훈이는 축제를 보면서 어떤 생각을 했나요?

_____

한자 쓰기 연습 오늘 배운 한자를 바르게 쓰며 익혀 보세요.

萬 萬 萬 萬 萬 萬 萬 萬 萬 萬 萬 萬 萬								뜻 _____
萬								소리 _____

47 일차

하나 한자의 뜻과 소리를 읽어 보세요.

둘 한자의 뜻이 만들어진 배경(어원)을 상상해 보세요.

年

뜻 소리
해 년(연)

* 낱말 맨 앞에 올 때 '연'이라고 읽어요.

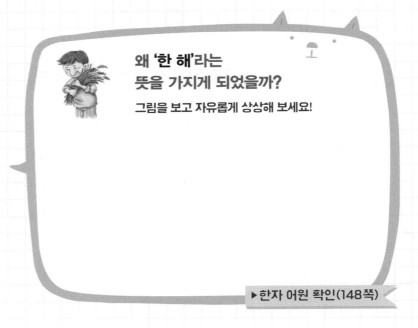

왜 '한 해'라는
뜻을 가지게 되었을까?

그림을 보고 자유롭게 상상해 보세요!

▶ 한자 어원 확인(148쪽)

🏫 초등 교과서 한자 어휘

교과서 한자 어휘를 소리 내어 읽고, 예문의 빈칸을 채워 보세요.

연중

年 + 중
가운데 中

뜻 한 해 동안.

예문

체육대회는 우리 학교의 _____
행사입니다.

학년

학 + 年
배울 學

뜻 1년간의 학습 과정 단위.

예문

_____마다 배우는 내용이 다릅니다.

빈칸에 들어갈 알맞은 어휘를 찾아 선을 연결해 보세요.

연중 •
학년 •

• 언니는 내년에 6 [   ] 이 됩니다.

• 우리 동네 편의점은 [   ] 무휴입니다.

문해력 향상 아래 글을 읽고 질문에 답해 보세요.

학교에서 1년 중 가장 큰 연중 행사, 학예회가 열리는 날이에요. 운동장에는 여러 학년 학생들이 모여 각자의 공연을 준비하고 있었어요. 1학년은 귀여운 율동을, 3학년은 뮤지컬을, 6학년은 웅장한 합창을 연습 중이었어요. 지훈이는 무대 뒤에서 긴장했지만, 6학년 선배가 이렇게 말해 주었어요. "우리도 1학년 때는 떨었어. 하지만 과정을 즐기면 돼!" 무대에 올라 밝게 빛나는 조명을 바라보며 지훈이는 생각했어요. '이렇게 학예회를 준비하면서 우리는 함께 성장하는구나!'

1 학년별로 맡은 공연을 각각 써 보세요.

① 1학년 : _____

② 3학년 : _____

③ 6학년 : _____

2 지훈이는 학예회 무대에서 어떤 깨달음을 얻었나요?

_____

한자 쓰기 연습 오늘 배운 한자를 바르게 쓰며 익혀 보세요.

年 年 年 年 年 年					뜻 _____
年					소리 _____

하나 한자의 뜻과 소리를 읽어 보세요.

둘 한자의 뜻이 만들어진 배경(어원)을 상상해 보세요.

뜻 소리
가운데 중

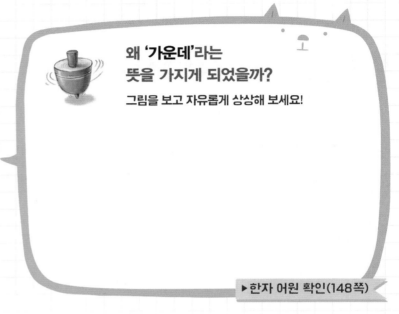

왜 '가운데'라는 뜻을 가지게 되었을까?

그림을 보고 자유롭게 상상해 보세요!

▶ 한자 어원 확인(148쪽)

🏫 초등 교과서 한자 어휘

교과서 한자 어휘를 소리 내어 읽고, 예문의 빈칸을 채워 보세요.

중년

中 + 년
해 年

뜻 마흔 살 안팎의 나이.
청년과 노년의 중간.

[예문]

40세 이상 _____을 위한 평생 교육이
인기입니다.

산중

산 + 中
메 山

뜻 산 속.

[예문]

깊은 _____의 공기는 맑고 시원합니다.

140

어휘 확인 빈칸에 들어갈 알맞은 어휘를 찾아 선을 연결해 보세요.

중년 •   • [   ]에는 체력 관리에 더욱 힘써야 합니다.

산중 •   • 깊은 [   ]에서 메아리가 돌아옵니다.

문해력 향상 아래 글을 읽고 질문에 답해 보세요.

깊은 산중, 커다란 나무들이 우뚝 서 있는 숲길을 한 중년의 아저씨가 걸어가고 있었어요. 아저씨는 배낭을 메고, 땀을 닦으며 산을 올랐어요. "어릴 땐 이 산을 뛰어다녔는데, 이제는 숨이 차네!" 그렇게 정상에 도착하자 시원한 바람이 불었고, 아저씨는 기분이 좋아져서 활짝 웃었어요. "그래도 아직 나는 힘이 넘친다! 다음에 또 올라와야지!"

❶ 중년 아저씨는 왜 산을 오르면서 숨이 찼을까요?

_____

❷ 빈칸에 들어갈 알맞은 말을 써 보세요.

아저씨가 정상에 도착하자 [ ][ ][ ] 바람이 불어 기분이 좋았다.

한자 쓰기 연습 오늘 배운 한자를 바르게 쓰며 익혀 보세요.

中 中 中 中							뜻 _____
中							소리 _____

하나 한자의 뜻과 소리를 읽어 보세요.

둘 한자의 뜻이 만들어진 배경(어원)을 상상해 보세요.

室

뜻 소리
집 실

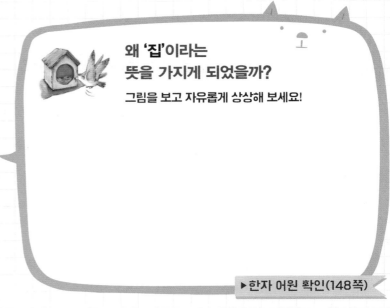

왜 '집'이라는
뜻을 가지게 되었을까?

그림을 보고 자유롭게 상상해 보세요!

▶ 한자 어원 확인(148쪽)

🏫 초등 교과서 한자 어휘

교과서 한자 어휘를 소리 내어 읽고, 예문의 빈칸을 채워 보세요.

실외

室 + 외
바깥 外

뜻 방이나 건물의 밖.

예문

기온이 너무 높을 때는 _____ 활동을
자제해야 합니다.

왕실

왕 + 室
왕 王

뜻 왕의 집안. 왕가.

예문

_____ 박물관에는 귀한 보물들이
많습니다.

빈칸에 들어갈 알맞은 어휘를 찾아 선을 연결해 보세요.

실외 •

• [ ]에서 지켜야 하는 예절이 따로 있습니다.

왕실 •

• 창문을 여니 [ ]의 신선한 공기가 들어옵니다.

문해력 향상 아래 글을 읽고 질문에 답해 보세요.

왕실 깊은 곳, 왕자는 창밖을 바라보며 한숨을 쉬었어요. "밖에서 뛰어놀고 싶어요!" 하지만 신하들은 고개를 저었어요. "폐하, 왕자는 몸이 약하니 실외에서 노는 것은 위험합니다." 하지만 왕자는 몰래 창문을 넘어 정원으로 나갔어요. 햇살이 따뜻했고, 바람이 부드러웠어요. 왕자는 두 팔을 벌리며 웃었어요. "이렇게 좋은 곳을 나만 몰랐구나!"

① 신하들은 왜 왕자가 실외에서 놀지 못하게 했나요?

_____

② 왕자는 실외에서 어떤 기분을 느꼈나요?

① 실외가 위험하다고 생각해서 두려웠다.

② 햇살과 바람이 좋았고, 기분이 매우 좋았다.

③ 바람이 너무 차가워서 춥다고 느꼈다.

한자 쓰기 연습 오늘 배운 한자를 바르게 쓰며 익혀 보세요.

室室室室室室室室室								뜻 _____
室								소리 _____

50
일차

하나 한자의 뜻과 소리를 읽어 보세요.
둘 한자의 뜻이 만들어진 배경(어원)을 상상해 보세요.

門

뜻 소리
문 문

왜 '문'이라는
의미를 가지게 되었을까?

그림을 보고 자유롭게 상상해 보세요!

▶ 한자 어원 확인(148쪽)

🏫 초등 교과서 한자 어휘

교과서 한자 어휘를 소리 내어 읽고, 예문의 빈칸을 채워 보세요.

문전

門 + 전
앞 前

뜻 대문 앞.

예문
식당은 사람들로 북적이며 _____성시를
이루고 있습니다.

남대문

남 대 + 門
남녘 南 클 大

뜻 조선 시대에 만들어진 한양 도성의 남쪽
정문. 우리나라 국보 제1호. (=숭례문)

예문
_____은 우리나라의 소중한 문화재입니다.

빈칸에 들어갈 알맞은 어휘를 찾아 선을 연결해 보세요.

문전 •

남대문 •

• [   ] 시장은 손님들의 웃음소리로 가득찼습니다.

• 흥부가 놀부의 집 [   ] 에서 쫓겨나고 말았습니다.

아래 글을 읽고 질문에 답해 보세요.

민수는 가족과 함께 서울 나들이를 갔어요. "오늘은 남대문 시장에서 맛있는 것을 먹어 보자!" 아빠가 신나게 말했어요. 시장에 도착하니 맛있는 냄새가 풍겼고, 가게 문전에는 사람들이 길게 줄을 서 있었어요. "와! 저 핫도그 진짜 유명한가 봐!" 민수는 군침을 삼켰어요. 드디어 차례가 되어, 바삭한 핫도그를 한입 베어 문 민수는 외쳤어요. "역시 문전성시 맛집이야!"

❶ '가게 문전에는 사람들이 길게 줄을 서 있었어요.'에서 '문전'은 어떤 의미인가요?

_____

❷ 민수가 "역시 문전성시 맛집이야!"라고 했을 때, '문전성시'와 같은 의미를 가진 표현은 무엇인가요?

① 조용한 골목길

② 텅 비어 있는 한산한 거리

③ 시장처럼 사람들로 가득 찬 대문 앞

오늘 배운 한자를 바르게 쓰며 익혀 보세요.

門 門 門 門 門 門 門 門

門

뜻 _____

소리 _____

46-50 복습

① **빈칸에 공통으로 들어가는 한자를 연결해 보세요.**

① [ ]국 [ ]인 •

② [ ]중 학[ ] •

③ [ ]년 산[ ] •

④ [ ]외 왕[ ] •

⑤ [ ]전 남대[ ] •

• 年 해 년(연)

• 萬 일만 만

• 中 가운데 중

• 門 문 문

• 室 집 실

② **어휘의 뜻을 읽고 어휘 열쇠를 완성해 보세요.**

🔑 **가로 열쇠**

① 조선 시대에 만들어진 한양 도성의 남쪽 정문. 우리나라 국보 제1호. (=숭례문)

② 1년간의 학습 과정 단위.

🔑 **세로 열쇠**

③ 대문 앞.

④ 마흔 살 안팎의 나이. 청년과 노년의 중간.

3 그림과 관련 있는 어휘를 골라 동그라미 표시해 보세요.

❶

남대문   산중

❷

만국   문전

4 문장을 읽고 빈칸에 알맞은 번호를 보기에서 찾아 써 보세요.

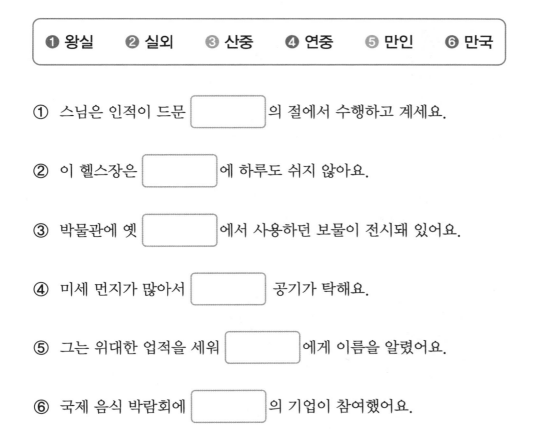

❶ 왕실   ❷ 실외   ❸ 산중   ❹ 연중   ❺ 만인   ❻ 만국

① 스님은 인적이 드문 [   ]의 절에서 수행하고 계세요.

② 이 헬스장은 [   ]에 하루도 쉬지 않아요.

③ 박물관에 옛 [   ]에서 사용하던 보물이 전시돼 있어요.

④ 미세 먼지가 많아서 [   ] 공기가 탁해요.

⑤ 그는 위대한 업적을 세워 [   ]에게 이름을 알렸어요.

⑥ 국제 음식 박람회에 [   ]의 기업이 참여했어요.

한자	뜻이 만들어진 배경
萬 일만 만	나무에 매달린 벌집에는 꿀통이 많이 들어 있어서 '많다'의 뜻으로 쓰이게 되었어요.
年 해 년(연)	한 해의 새로운 벼를 수확할 때 벼를 베어 어깨에 짊어진 사람의 모습이 바뀌어서 만들어졌어요.
中 가운데 중	한가운데에 중심이 잡힌 팽이가 똑바로 서서 빙글빙글 도는 모양이 바뀌어서 만들어졌어요.
室 집 실	새가 둥지로 들어가는 모양이 바뀌어서 만들어졌어요.
門 문 문	양쪽으로 열리는 여닫이문의 모양이 조금씩 바뀌어 만들어졌어요.

정답

1 일차

어휘 확인

일 년 ←→ **일 년**은 365일입니다.

일 학년 ←→ 나는 별님 초등학교 **일 학년** 삼 반입니다.

문해력 향상

❶ 숫자도 배우고, 그림도 그렸다.

❷ ③

2 일차

어휘 확인

이 년 ⬦ 책장에 책이 **이십** 권 있습니다.

이십 ⬦ 친구가 이민 간 지 **이 년**이 지났습니다.

문해력 향상

❶ 매일 삼십 분씩 연습했다.

❷ ②

3 일차

어휘 확인

삼촌 ←→ 명절 날, **삼촌**이 조카들과 윷놀이를 합니다.

삼삼오오 ←→ 친구들이 **삼삼오오** 짝을 지어 이동합니다.

문해력 향상

❶ ②

❷ 집에 돌아와 삼촌과 함께 사과를 먹었다.

4 일차

어휘 확인

사십 ⬦ **사촌** 형은 게임을 잘합니다.

사촌 ⬦ 마당에는 **사십** 년 된 나무가 있습니다.

문해력 향상

❶ "어떤 감이 더 맛있을까?"하고 고민했다.

❷ ②

5 일차

어휘 확인

오십 ←→ 할아버지는 **오십** 번째 농사를 짓습니다.

오뉴월 ←→ **오뉴월**의 뜨거운 햇볕 아래에서 농사를 짓습니다.

문해력 향상

❶ 할아버지

❷ ①

1-5 복습

❶
일 년/일 학년 ⬦ 三 석 삼
이 년/이십 ⬦ 二 두 이
삼촌/삼삼오오 ⬦ 一 한 일
사십/사촌 ⬦ 五 다섯 오
오십/오뉴월 ⬦ 四 넉 사

(추가로 가능한 정답)
* 삼 년/삼 학년, 이 년/이 학년, 오 년/오 학년, 사 년/사 학년
* 삼 년/삼십, 오 년/오십, 사 년, 사십
* 삽십/삼촌, 이십/이촌, 오십/오촌

❷

삼	삼	오	오
			뉴
		이	월
일	년		

❸ 일 학년 할아버지 삼촌 삼삼오오

❹ ① 6 일 학년 ② 1 오십 ③ 2 사촌 ④ 4 삼촌 ⑤ 5 이십
⑥ 3 사십

150

6 일차

어휘 확인

유월   지호는 주말에 **육촌** 누나를 만나러 갑니다.

육촌   **유월**에서 구월까지 비가 가장 많이 옵니다.

문해력 향상

① 개구리

② ③

7 일차

어휘 확인

칠십   오늘은 할아버지의 **칠십** 번째 생신입니다.

칠팔월   **칠팔월**의 뜨거운 햇볕이 내리쬡니다.

문해력 향상

① 칠십

② ① – (나) , ② – (가)

8 일차

어휘 확인

팔순   퍼즐 조각은 **팔구십** 개가 됩니다.

팔구십   할머니는 내년에 **팔순**이십니다.

문해력 향상

① 80~90

② 멋진 용 그림

9 일차

어휘 확인

구사일생   발을 헛디뎠지만 **구사일생**으로 빠지지 않았습니다.

십중팔구   양치기 소년의 말은 **십중팔구** 거짓말입니다.

문해력 향상

① 개울가에서 돌을 건너다가 발을 헛디뎌서

② ①

10 일차

어휘 확인

십장생   거북이는 **십 년** 넘게 살 수 있어서 장수를 뜻합니다.

십 년   **십장생**은 오래 사는 열 가지를 말합니다.

문해력 향상

① 우리 주변의 십장생

② 십장생은 오래 사는 열 가지를 뜻한다.

6-10 복습

① 유월/육촌   八 여덟 팔

   칠십/칠팔월   九 아홉 구

   팔순/팔구십   七 일곱 칠

   구사일생/십중팔구   十 열 십

   십장생/십 년   六 여섯 륙(육)

②

십	중	팔	구
			사
칠	십		일
	년		생

③ 유월   육촌   구사일생   팔순

④ ① 2 십장생 ② 6 유월 ③ 5 육촌 ④ 3 팔구십
   ⑤ 4 칠팔월 ⑥ 1 팔순

151

11 일차

어휘 확인

부녀 • ╳ • 아빠와 **장녀**인 소라는 매주 산책을 갑니다.

장녀 • ╱ ╲ • 아빠와 소라는 다정한 **부녀**입니다.

문해력 향상

❶ 일요일

❷ ①

12 일차

어휘 확인

인생 •——• 좋은 **인생**을 살기 위해 노력합니다.

대인 •——• 할아버지는 마을에서 존경받는 **대인**입니다.

문해력 향상

❶ 항상 어려운 사람들을 도와주고 웃는 얼굴로 인사를 건네서

❷ ③

13 일차

어휘 확인

산중 • ╳ • 민지는 아름다운 **산수**를 보고 감탄했습니다.

산수 • ╱ ╲ • 주말마다 깊은 **산중**으로 등산을 갑니다.

문해력 향상

❶ ③

❷ 맑은 물과 푸른 산, 아름다운 산수가 마음을 편안하게 했기 때문에

14 일차

어휘 확인

일기 • ╳ • 아침에 하루의 **일정**을 적어 봅니다.

일정 • ╱ ╲ • 민지는 학교 숙제로 **일기**를 씁니다.

문해력 향상

❶ 아침에 일어났다. 학교에 갔다. 점심을 먹었다. 숙제를 했다.

❷ 느낀 점이나 재미있었던 일을 써 보자.

15 일차

어휘 확인

연월일 •——• 날짜를 **연월일** 순서로 적습니다.

오월 •——• 어린이날이 있는 **오월**은 '가정의 달'입니다.

문해력 향상

❶ ①

❷ 2028년 5월 20일 알림장
숙제: 한자책 읽기, 줄넘기 50번 하기

11-15 복습

❶
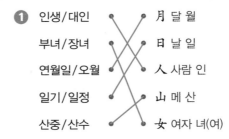

❷

❸ 〔부녀〕 부부   〔일기〕 일정

❹ ① 2 산중 ② 3 산수 ③ 4 오월 ④ 6 부녀 ⑤ 5 장녀
⑥ 1 일기

16 일차

어휘 확인

화력 ●——● 벽난로의 **화력** 덕분에 방이 따뜻해졌습니다.

화산 ●——● 거대한 **화산**이 폭발하자 용암이 흐릅니다.

문해력 향상

① 화산 폭발

② 무섭고도 신기하다고 느꼈다.

17 일차

어휘 확인

생수 ╳ 깊은 **수중**에서 커다란 잠수함이 움직입니다.

수중 ╳ 엄마는 학교 가기 전에 차가운 **생수**를 챙겨 주셨습니다.

문해력 향상

① ②

② 잠수 놀이

18 일차

어휘 확인

목수 ●——● **목수**가 나무를 베어 집을 짓습니다.

토목 ●——● **토목** 기술자들은 땅을 고르고, 바닥을 다졌습니다.

문해력 향상

① 동네 놀이터에 새로운 놀이 기구를 설치한다는 소식을 들어서

② ①

19 일차

어휘 확인

만금 ╳ **금요일**에는 맛있는 급식이 나옵니다.

금요일 ╳ **만금**을 가진다면 무엇을 하고 싶은가요?

문해력 향상

① 영화를 봤다.

② ③

20 일차

어휘 확인

국토 ●——● 우리 **국토**는 삼면이 바다로 둘러싸여 있습니다.

토지 ●——● 학교 옆에 있는 빈 **토지**에 놀이터가 생겼습니다.

문해력 향상

① 산과 강, 넓은 토지

② ③

16-20 복습

① 화력/화산 ╳ 水 물 수
생수/수중   火 불 화
목수/토목   土 흙 토
만금/금요일   金 쇠 금, 성 김
국토/토지   木 나무 목

②

		●목	❸수
			중
❷국	❹토		
	목		

③ 화산 수중 가수 목수

④ ① 2 금요일 ② 6 화력 ③ 4 생수 ④ 3 만금 ⑤ 1 토지
⑥ 5 화산

153

21 일차

어휘 확인

부자   졸업식 날 강당에 학생과 **학부모**들이 모였습니다.

학부모   아버지와 나를 보고 **부자**간이 똑 닮았다고 합니다.

문해력 향상

❶ 지훈이와 아빠가 닮았기 때문에

❷ 부모님이 우리가 어떻게 공부하는지 직접 보실 수 있도록

22 일차

어휘 확인

모교 •—— 예전 담임 선생님을 뵈러 **모교**에 찾아갑니다.

모국 •—— 할아버지는 오래전 **모국**을 떠나 외국에서 사셨습니다.

문해력 향상

❶ ③

❷ (나중에 어른이 되면,)내 모교와 모국을 잊지 말아야겠다

23 일차

어휘 확인

형제   저는 **친형**과 같은 학교에 다닙니다.

친형   이웃 집 **형제**는 우애가 좋습니다.

문해력 향상

❶ 같은 부품을 잡으려고 했기 때문에

❷ ②

24 일차

어휘 확인

제자   아버님께서 훌륭한 **자제**를 두셨습니다.

자제   선생님께 배우는 사람을 **제자**라고 합니다.

문해력 향상

❶ ①

❷ ① - (나) , ② - (가)

25 일차

어휘 확인

외삼촌 •—— 지난 방학에는 외갓집에 놀러가 **외삼촌**을 뵈었습니다.

사촌 •—— 우리 집안은 **사촌**끼리 사이가 좋아 자주 모입니다.

문해력 향상

❶ ③

❷ 대결의 심판을 하겠다고 했다.

21 - 25 복습

❶ 부자/학부모 •——• 父 아비 부
    모교/모국 •   弟 아우 제
    형제/친형 •   兄 형 형
    제자/자제 •   母 어미 모
    외삼촌/사촌 •——• 寸 마디 촌

❷

	❶학	부	❸모
			국
		❹사	
❷외	삼	촌	

❸ 제자 (부자)   제자 (형제)

❹ ① 5 모교 ② 3 친형 ③ 2 제자 ④ 1 자제 ⑤ 4 형제
    ⑥ 6 부자

26 일차

어휘 확인

동해 ●——● 이번 여행은 **동해**로 떠납니다.

동대문 ●——● **동대문**은 우리나라의 보물 제1호입니다.

문해력 향상

❶ 동해

❷ ②

27 일차

어휘 확인

서양 ●╳● **동서**로 산맥이 쭉 뻗어 있습니다.

동서 ●╳● 동양 문화와 **서양** 문화가 어우러져 볼거리가 많습니다.

문해력 향상

❶ 전통 동양 문화와 현대적인 서양 문화

❷ ③

28 일차

어휘 확인

남대문 ●╳● 지도를 보니, 우리나라 땅은 **남북**으로 긴 모양이에요.

남북 ●╳● **남대문**은 서울의 남쪽을 대표하는 대문입니다.

문해력 향상

❶ 남대문

❷ 방향

29 일차

어휘 확인

북극 ●——● 탐험대가 **북극** 원정을 떠났습니다.

패배 ●——● 시합에서 **패배**하더라도 배울 점이 있습니다.

문해력 향상

❶ 북극 팀

❷ ①

30 일차

어휘 확인

외국 ●——● 우리나라와 **외국**의 문화는 서로 다릅니다.

내외 ●——● 1만원 **내외**의 비용으로 선물을 샀습니다.

문해력 향상

❶ ②

❷ 내외

26-30 복습

❶ 동해/동대문 ●╳● 西 서녘 서

서양/동서 ●╳● 東 동녘 동

남대문/남북 ●╳● 北 북녘 북, 달아날 배

북극/패배 ●╳● 南 남녘 남

외국/내외 ●——● 外 바깥 외

❷

		❶동	❸서
			양
❷남	❹북		
	극		

❸ [동해] 남북   내외 (북극)

❹ ① 3 패배 ② 2 외국 ③ 4 남대문 ④ 5 동대문
⑤ 6 동해 ⑥ 1 내외

31 일차

어휘 확인

학교 ✕ 수업을 마친 **학생**들이 길에서 우르르 내려옵니다.

학생 ✕ 아침 8시 30분까지 **학교**에 갑니다.

문해력 향상

❶ 친구들과 반갑게 인사하고 있었다.

❷ 올해는 더 열심히 공부하고, 좋은 친구가 되기로 했다.

32 일차

어휘 확인

교문 ●━━● 선생님들이 **교문** 앞에서 학생들을 맞이합니다.

교장 ●━━● **교장** 선생님은 우리를 보고 반갑게 인사하셨습니다.

문해력 향상

❶ 교장 선생님

❷ 매일 아침 직접 교문에서 인사해 주시기 때문에

33 일차

어휘 확인

선생 ✕ 그는 **선왕**의 뜻을 새기며 올바른 정치를 했습니다.

선왕 ✕ 학생들이 체육 **선생**님의 동작을 보고 따라합니다.

문해력 향상

❶ 선왕

❷ ③

34 일차

어휘 확인

생일 ●━━● 나는 **생일**에 미역국을 먹었습니다.

인생 ●━━● 유관순 열사는 독립운동에 **인생**을 바쳤습니다.

문해력 향상

❶ 원했던 장난감

❷ ①

35 일차

어휘 확인

교실 ✕ 가르치고 배우는 **교학** 중에 선생님과 학생이 함께 성장합니다.

교학 ✕ 우리 반 **교실**에 20명의 학생이 있습니다.

문해력 향상

❶ ③

❷ 학생이 질문할 때마다 더 좋은 답을 고민하게 되기 때문에

31-35 복습

❶ 학교/학생 ●━━● 學 배울 학

교문/교장 ✕ 先 먼저 선

선생/선왕 ✕ 校 학교 교

생일/인생 ✕ 教 가르칠 교

교실/교학 ✕ 生 날 생

❷

❸ (학교) 학생   (선생) 선왕

❹ ① 2 교실 ② 1 교학 ③ 5 교문 ④ 6 학생 ⑤ 3 인생
⑥ 4 선왕

36 일차

어휘 확인

백인 ●——● **백인** 인종의 피부는 자외선에 약한 편입니다.

백기 ●——● 시험 문제가 너무 어려워 **백기**를 들고 말았습니다.

문해력 향상

1 청팀

2 ②

37 일차

어휘 확인

청산 ●╳● 마을에 20대 **청년**이 살고 있었습니다.

청년 ●╳● '**청산**유수'는 말을 물 흐르듯이 잘한다는 뜻입니다.

문해력 향상

1 마을을 지키는 사람이 되기로 했다.

2 ①

38 일차

어휘 확인

연장자 ●╳● 새 학기가 되자 새로운 **교장** 선생님이 오셨습니다.

교장 ●╳● 우리 집에서는 할아버지가 가장 **연장자**이십니다.

문해력 향상

1 이 학교에서 가장 나이가 많은 연장자이지만 아직도 배우는 것을 좋아한다.

2 ②

39 일차

어휘 확인

대인 ●——● 소인 입장료는 500원이고, **대인** 입장료는 1000원입니다.

대학 ●——● 언니는 고등학교를 졸업하고 **대학**교에 갑니다.

문해력 향상

1 (대학생인) 언니

2 세종대왕이 만든 한글은 정말 위대하다.

40 일차

어휘 확인

소인 ●╳● 반장은 **대소** 구분 없이 모두의 의견을 귀담아 듣습니다.

대소 ●╳● **소인**은 온천에 무료로 입장할 수 있습니다.

문해력 향상

1 누구나

2 ③

36-40 복습

1
백인/백기 ●　　　　● 長 길, 어른 장
청산/청년 ●　　　　● 靑 푸를 청
연장자/교장 ●　　　　● 白 흰 백
대인/대학 ●　　　　● 小 작을 소
소인/대소 ●　　　　● 大 큰 대

2

3 〔청산〕 청년　　　〔소인〕 대인

4 ① 1 대소 ② 3 청년 ③ 2 대학 ④ 5 백기 ⑤ 6 백인
⑥ 4 청산

41 일차

어휘 확인

한국 •————• **한국**의 드라마와 K-POP이 세계적인 인기를 끌고 있습니다.

한일 •————• **한일** 두 나라는 이웃 나라로서 서로 도움을 주고 받습니다.

문해력 향상

❶ 한국이 1대 0으로 일본을 앞서고 있었다.

❷ ③

42 일차

어휘 확인

국민 •   ✕   • **국토**는 그 나라 사람들이 살아가는 공간입니다.

국토 •   ✕   • 모든 **국민**이 투표를 통해 대통령을 뽑습니다.

문해력 향상

❶ ① – (나), ② – (가)

❷ ①

43 일차

어휘 확인

국민 •————• 모든 **국민**은 법 앞에 평등합니다.

민생 •————• 왕은 **민생**을 안정시키는 데 힘썼습니다.

문해력 향상

❶ ③

❷ 곡식 창고를 열어 백성들에게 곡식을 나눠 주고, 직접 농사 일을 도왔다.

44 일차

어휘 확인

군인 •————• **군인**은 역할에 따라 육군, 해군, 공군 등으로 나뉩니다.

수군 •————• 이순신 장군이 **수군**을 이끌고 왜군을 크게 무찔렀습니다.

문해력 향상

❶ ③

❷ 해군

45 일차

어휘 확인

왕국 •————• 밤 사이 눈이 내려 마을이 겨울 **왕국**처럼 변했습니다.

왕자 •————• 어린 **왕자**는 별에서 장미 한 송이를 가꾸며 살았습니다.

문해력 향상

❶ ①

❷ 왕국이 무너지는 모습을 두고 볼 수 없었기 때문에

41-45 복습

❶
한국/한일 •————• 韓 한국, 나라 한

국민/국토 •   • 軍 군사 군

국민/민생 •   ✕   • 民 백성 민

군인/수군 •   • 國 나라 국

왕국/왕자 •————• 王 임금 왕

❷

❶한	❸국		
	민		
		❷수	❹군
			인

❸ [한일] 한국   [왕자] 공주

❹ ① 2 왕국 ② 3 민생 ③ 6 한일 ④ 5 국토 ⑤ 1 왕자
⑥ 4 국민

158

46 일차

어휘 확인

만국 ●━━● 올림픽에서 **만국**의 선수들이 모여 실력을 겨룹니다.

만인 ●━━● 그의 연설은 **만인**의 마음을 움직였습니다.

문해력 향상

❶ ②

❷ 다 함께 어울리는 축제가 계속되면 좋겠다.

47 일차

어휘 확인

연중 ●╲╱● 언니는 내년에 6**학년**이 됩니다.

학년 ●╱╲● 우리 동네 편의점은 **연중** 무휴입니다.

문해력 향상

❶ 1학년: 귀여운 율동, 3학년: 뮤지컬, 6학년: 웅장한 합창

❷ 학예회를 준비하면서 우리는 함께 성장하는구나.

48 일차

어휘 확인

중년 ●━━● **중년**에는 체력 관리에 더욱 힘써야 합니다.

산중 ●━━● 깊은 **산중**에서 메아리가 돌아옵니다.

문해력 향상

❶ 나이가 들어 체력이 예전 같지 않았기 때문에

❷ 시원한

49 일차

어휘 확인

실외 ●╲╱● **왕실**에서 지켜야 하는 예절이 따로 있습니다.

왕실 ●╱╲● 창문을 여니 **실외**의 신선한 공기가 들어옵니다.

문해력 향상

❶ 왕자는 몸이 약해서 실외에서 노는 것이 위험하기 때문에

❷ ②

50 일차

어휘 확인

문전 ●╲╱● **남대문** 시장은 손님들의 웃음소리로 가득찼습니다.

남대문 ●╱╲● 흥부가 놀부의 집 **문전**에서 쫓겨나고 말았습니다.

문해력 향상

❶ 대문 앞

❷ ③

46-50 복습

❶
만국/만인 ●╲　╱● 年 해 년(연)
연중/학년 ●╱╲● 萬 일만 만
중년/산중 ●━━● 中 가운데 중
실외/왕실 ●╲╱● 門 문 문
문전/남대문 ●╱╲● 室 집 실

❷

❶남	대	❸문	
		전	
	❹중		
❷학	년		

❸ 남대문　(산중)　　만국　(문전)

❹ ① 3 산중 ② 4 연중 ③ 1 왕실 ④ 2 실외 ⑤ 5 만인
　⑥ 6 만국

초판 인쇄 | 2025년 6월 10일
초판 발행 | 2025년 6월 20일

지은이 | 동양북스 교육콘텐츠연구회, 박빛나
감수 | 박빛나
발행인 | 김태웅
기획편집 | 김수연
디자인 | 남은혜, 김지혜
삽화 | 임은정
마케팅 총괄 | 김철영
온라인 마케팅 | 신아연
제작 | 현대순

발행처 | (주)동양북스
등   록 | 제2014-000055호
주   소 | 서울시 마포구 동교로22길 14 (04030)
구입 문의 | 전화 (02)337-1737   팩스 (02)334-6624
내용 문의 | 전화 (02)337-1762   이메일 dymg98@naver.com

ISBN   979-11-7210-110-7   63710

쓰는 만큼 내 것이 되는! 8급 배정 한자

校	教	九	國	軍	金	南	女	年	大
東	六	萬	母	木	門	民	白	父	北
四	山	三	生	西	小	先	水	室	十
五	王	外	月	二	人	一	日	長	弟
中	青	寸	七	土	八	學	韓	兄	火

쓰는 만큼 내 것이 되는! 8급 배정 한자

한자의 뜻훈과 소리(음)를 수성펜으로 쓰고, 지울때는 지우개를 사용하세요.

✂ 자르는 선

학교 교		
가르칠 교		
이름 구		
나라 국		
군사 군		
쇠금, 성 김		
남녘 남		
여자 녀(여)		
해 년(연)		
큰 대		

동녘 동		
여섯 륙(육)		
일만 만		
어미 모		
나무 목		
문 문		
백성 민		
흰 백		
아비 부		
북녘 북, 달아날 배		

넉 사		
메 산		
석 삼		
날 생		
서녘 서		
먼저 선		
작을 소		
물 수		
집 실		
열 십		

다섯 오		
임금 왕		
바깥 외		
달 월		
두 이		
사람 인		
한 일		
날 일		
길, 어른 장		
아우 제		

가운데 중		
푸를 청		
마디 촌		
일곱 칠		
흙 토		
여덟 팔		
배울 학		
한국, 나라 한		
형 형		
불 화		